本书为国家自然科学基金“法律诉讼、社会网络与债务契约”（项目编号：71772154）、“终极控制股东、社会资本与银行贷款契约”（项目编号：71472157）的研究成果

经济管理学术文库·管理类

# 终极所有权结构、制度环境与公司债券契约条款

## Ultimate Ownership Structure, Institutional Environment and Corporate Bond Contract Terms

肖作平　刘辰嫣／著

经济管理出版社
ECONOMY & MANAGEMENT PUBLISHING HOUSE

**图书在版编目（CIP）数据**

终极所有权结构、制度环境与公司债券契约条款/肖作平，刘辰嫣著．—北京：经济管理出版社，2018.7

ISBN 978－7－5096－5973－1

Ⅰ．①终…　Ⅱ．①肖…②刘…　Ⅲ．①公司债券—债券融资—研究—中国　Ⅳ．①F832.51

中国版本图书馆 CIP 数据核字（2018）第 200789 号

组稿编辑：曹　靖
责任编辑：张巧梅
责任印制：黄章平
责任校对：董杉珊

出版发行：经济管理出版社
（北京市海淀区北蜂窝 8 号中雅大厦 A 座 11 层　100038）
网　　址：www. E－mp. com. cn
电　　话：（010）51915602
印　　刷：北京晨旭印刷厂
经　　销：新华书店
开　　本：720mm×1000mm/16
印　　张：13
字　　数：204 千字
版　　次：2019 年 11 月第 1 版　2019 年 11 月第 1 次印刷
书　　号：ISBN 978－7－5096－5973－1
定　　价：78.00 元

# 前　言

2007 年 8 月证监会颁布的《公司债券发行试点办法》标志着中国公司债发行工作的正式启动。随后，中国公司债市场迅速发展，截至 2016 年 12 月 31 日，深沪交易所共发行 1708 只一般公司债，发行总额为 25522.01 亿元。债券市场的蓬勃发展意味着债券契约条款的合理设计日益重要。债券投资者与股东之间存在的代理冲突会导致与股东利益一致的公司管理者采取损害债券投资者利益的行为，理性的债券投资者能够识别股东与管理者的动机，通过设计合理的债券契约条款缓解代理冲突。终极控制股东与债券投资者间的代理冲突作为我们内部治理的主要问题之一，会深刻影响我国公司债契约条款的设计。同时，由于各地区资源禀赋、地理位置及政策的差异所导致的制度环境差异，也会对债券投资者的信心产生影响，进而影响债券契约条款的设计和安排。因此，本书在对债券契约条款影响因素和研究文献进行综述回顾的基础之上，理论分析并实证检验了终极所有权结构、制度环境如何影响公司债券契约条款的设计，以及外部制度环境差异会如何影响终极所有权结构与公司债券契约条款间的关系。本书以 2008 ~ 2016 年中国上市公司发行的公司债为研究样本，采用单变量 t 检验、OLS 回归、Poisson 回归等方法研究终极所有权结构、制度环境以及两者交互项对公司债券契约条款之间的关系。本书的主要研究结论如下：

首先，结合不完全契约理论、委托—代理理论，本书考察了终极所有权结构的三个代理变量终极控制股东的现金流量权、两权分离度和终极控制股东类型与公司债券契约条款（债券发行利差、债券发行期限和债券限制性条款强度）间的关系。研究结果表明，终极控制股东的现金流量权越高，其追求公司价值最大化的动机越强，此时内部人与债券投资者间的代理冲突和信息不对称程度降低，投资者投资信心增强，进而其对债券契约条款严格程度的要求降低；终极控制股东的控制权与现金流量权之间的分离度代表着内部人的掠夺动机和信息操控动机，两权分离度越高，意味着内部人与债券投资者间的信息不对称和代理问题越严重，债券投资者面临投资风险越高，此时债券契约条款的严格程度增加；终极控制股东的国有属性会增强债券投资者对债券信用质量的信心，降低其对债券风险补偿的要求，进而降低其对债券契约条款严格程度的要求。

其次，制度环境优化能够显著缓解资本市场中企业的融资约束问题。本书以2008~2016年中国上市公司发行的公司债为研究样本，实证检验了制度环境（法律制度子环境、金融发展子环境、政府质量子环境、社会信任子环境）与公司债券契约条款（债券发行利差、债券发行期限和债券限制性条款强度）之间的关系。研究发现，公司所处地区的法律制度越好，金融发展水平越高，政府质量越好，社会信任水平越高，外部环境对债券投资者的保护程度越高。因此，债券投资者的投资信心增强，进而降低对债券契约条款强度的要求，此时债券发行契约条款较为宽松，即债券发行利差越低、发行期限越长、限制性条款强度越低。

最后，完善的制度作为公司外部治理的有效机制，会降低终极控制股东的掠夺行为，进而缓解公司内部人与债券投资者之间的代理冲突和信息不对称问题。本书在分别考虑终极所有权结构和制度环境对债券契约条款影响的基础上，进一步分析并实证检验了制度环境与终极所有权结构的交互项对债券契约条款的影响。实证结果发现，良好的制度环境会削弱终极控制股东的现金流量权、国有属性与债券契约条款间的正面关系，同时也会削弱终极控制股东两权分离度与债券契约条款间的负面关系。

# 目　录

# 第1章 绪 论

## 1.1 研究背景和研究意义

### 1.1.1 研究背景

公司实际上是由一系列契约组成的联合体（Jensen and Meckling，1976），债务契约就是这一契约联合体中极其重要的一种，它的规范程度或完备程度决定了债务双方的风险。债务契约是指公司经理人代表股东与债权人签订的用于明确债务双方权利和义务的一种法律文书。债务双方在缔结契约时，通常会通过价格条款和非价格条款来维护自身利益，以保证契约的公正性。债务契约理论（也称财务契约理论）阐述了债务契约的核心原理：债权人与股东之间存在着股利支付、权益稀释、资产置换和次级投资四类冲突，理性的债权人能够识别股东实施自利行为的动机，通过设计合理的债务契约条款缓解代理冲突（Smith and Warner，1979）。债务融资是公司直接融资来源中的主要组成部分，尤其对股票市场不发达的新兴市场国家而言，债务融资的成交额度通常比股票成交额度大。中国正处于经济转型时期，资本市场的发展仍不完善，上市公司面临着严峻的融资约束和过度依赖银行贷款等问题。面对这一情形，近年来政府相关部门积极发展公司债、企业债等债务融资工具。如2003年10月中共十六届三中全会通过的《中共中央关于完善社会主义市场经济体制若干问题的决定》指出，要扩大直接融资，建立多层次资本市场体系，积极拓展债券市场；2007年8月证监会颁布的《公司债券发行试点办法》为公司债的发行提供了发行指导；2008 年 12 月国务院办公厅发布的《关于当前金融促进经济发展的若干意见》指出，要“扩大债券发行规模，积极发展企业债、公司债、短期融资券和中期票据等债务融资工具”；2014 年 5 月国务院办公厅发布的《关于进一步促进资本市场健康发展的若干意见》中，为债券市场的规范发展提供若干指导建议。随后公司债市场迅速发展，据 Wind 数据库统计，截至 2016 年 12 月 31 日，深沪交易所共发行 1708 只一般公司债，发行总额为 25522.01 亿元。债券市场的蓬勃发展意味着债券契约条款的合理设计日益重要。2015 年 1 月证监会发布的《公司债券发行与交易管理办法》将加强市场监管、强化投资者保护作为主要内容，并对公司债契约条款做出引导性规定。这些为债券契约的研究提供了天然条件，也使债券契约问题研究转向更为现实的视角。此外，中国存在着特殊的制度背景，如股权高度集中、政府干预严重和债权人法律保护程度较弱等，导致公司内部人掠夺债券投资者利益的动机更加强烈。因此，在中国，债券投资者往往会通过债券契约条款的合理设计减缓代理冲突和信息不对称问题。由此可见，如何设计一个合理、规范的债券契约是中国债券市场健康发展道路中亟待解决的问题。

最初有关债券契约影响因素的研究主要集中在如公司规模、资产负债率、公司成长性等公司财务特征对债券契约的影响上（Billett et al.，2007；Cook et al.，2014；Bradley and Roberts，2015；Badoer and James，2016）。随后，部分学者开始关注公司治理对债券契约的影响，但这些研究主要集中于考察管理者持股、CEO 权力、管理者行为等对债券契约的影响（Chava et al.，2010；Liu and Jirap-orn，2010；Tanaka，2016；Ghouma，2017）。然而，以往文献指出，公司终极控制股东与外部投资者之间的代理冲突是全球大多数国家公司的主要代理问题（La Porta et al.，1999；Claessens et al.，2000，2002；Faccio and Lang，2002）。终极控制股东通常通过金字塔股权结构、交叉持股、多重表决权等方式以较少的所有权对公司实施有效控制。拥有绝对控制权的终极控制股东具备能力和动机采取“隧道”行为攫取控制权的私有收益，损害外部投资者利益。同时，为了隐藏“隧道”行为，终极控制股东往往会操纵会计信息，导致严重的信息不对称问题。Shleifer 和 Vishny（1997）指出，当外部投资者为债权人时，终极控制股东的掏空动机更大。近年来，证券监管部门开始关注上市公司终极控制股东的“掏空”问题。2004年底，证监会发布了《公开发行证券的公司信息披露内容与格式准则第2号〈年度报告的内容与格式〉》（2004年修订）的通知，在第二十五条第（三）项中要求上市公司披露公司的实际控制人情况，并以方框图的形式披露公司与实际控制人之间的产权和控制关系。在我国公司债发行实践中，2015年7月31日证监会颁布了《公开发行证券的公司信息披露内容与格式准则第23号——公开发行公司债券募集说明书》，要求债券发行公司在募集说明书中披露实际控制人的基本情况，实际控制人应披露到最终的国有控股主体或自然人为止。同时，该公告要求披露公司设立及近3年内实际控制人变化情况。终极控制股东与外部债权人之间的代理冲突是我国上市公司主要代理问题之一。为了减少此类代理冲突，在缔结契约时，债券投资者可能会要求严格的契约条款保护自身权益。因此，从终极所有权结构视角研究债券契约问题，具有重要的理论和现实意义。

成熟、良好的制度环境意味着立法透明度高、政府腐败程度低、金融市场化程度高等。良好的外部制度环境能够有效地降低公司内部人与外部投资者之间的信息不对称和代理冲突。中国经济体制改革始于1978年，至今已有40多年。在改革开放进程中，中国经历着从计划经济向市场经济转轨的过程。期间，中国经济增长迅速，居民收入大幅提高，居民生活水平大为改善，但中国市场化改革尚未完成，各地市场化进程存在显著差异，导致地区制度环境差异巨大。王小鲁等（2016）指出，我国市场化进程仍存在很大的地域差异，例如政府对东部省份干预更少且政府规模更小；我国仅有少部分东部省份的法律制度环境发展较好，而大部分中西部和东北省份，仍处于相对落后的水平等。在中国，不同地区法律环境、经济发展水平、地区腐败程度等存在很大差异，这些制度因素的差异可能对公司的债券融资行为产生重要影响。良好的制度环境通常意味着地区的法律执行效率更高，高效的执法环境能够有效约束内部人的自利行为，降低内部人的掏空和信息操纵动机，进而降低公司内外部投资者间的信息不对称和代理问题，提升债权人的借款信心，从而帮助公司以较为宽松的条款进行融资（La Porta et al.，1997；Giannetti，2003）。同时，良好的制度环境通常随着发达的金融市场，外部投资者能够在活跃的金融市场中获取更多的公司信息，同时银行等金融中介机构也能对上市公司起到严格的外部监督和约束作用，降低公司的道德风险与逆向选择问题，从而使公司更容易获取外部资金来维持自身增长（Holmström and Tirole，1993；Demirgüç－Kunt and

Maksimovic，1998）。由此可见，制度环境会减缓债务双方的信息不对称和代理冲突问题，进而影响债券契约条款的设计。中国不同地区的市场化程度差异，为研究中国制度环境和债券契约条款之间关系提供了难得的机会。

基于以上分析，本书以中国公司债券市场为主要研究对象，以终极控制股东与债券投资者间的代理冲突和信息不对称问题为切入点，通过收集数据并实证分析回答以下几个问题：①债券投资者是否会关注公司的终极所有权结构，终极所有权结构对债券契约条款（包括债券发行利差、债券发行期限和债券限制性条款强度）产生何种影响？②中国各地区制度环境的差异是否会对公司债券发行的契约条款产生影响？③制度环境的提升是否会改善终极控制股东与债券投资者间的关系，进而影响终极所有权结构与债券契约条款之间的关系？

### 1.1.2 研究意义

终极控制股东与债券投资者间的代理冲突是我国上市公司主要的公司治理问题之一，而我国各地区制度环境的差异会对公司债券契约条款的设计和安排产生重要影响。本书以我国快速发展的公司债券市场为研究背景，分析终极所有权结构、制度环境与债券契约条款之间关系，有助于深入了解债券契约条款的影响因素，具有重要的理论和现实意义。

#### 1.1.2.1 理论意义

首先，由于我国公司债券市场成立时间较短，相对于银行贷款和股票发行等融资方式，目前关于公司债券融资和契约条款设计安排的研究相对较少。本书以终极控制股东与债券投资者间的代理冲突和信息不对称问题为切入点，研究终极所有权结构对债券契约条款的影响机制，包括检验终极控制股东的现金流量权、两权分离度和终极控制股东性质对债券契约条款的影响，丰富了终极所有权结构经济后果和公司债券影响因素等方面的文献。

其次，本书基于中国各地区制度环境差异的背景，探究一国内地区制度环境的差异是否会对债券投资者的投资信心产生影响，理论分析并实证检验了包括法律制度、金融发展、政府质量和社会信任等制度环境对债券契约条款的影响，以及制度环境的改善如何影响终极所有权结构与债券契约条款之间的关系，本书的研究内容有助于拓展债券契约条款合理化设计的制度因素，丰富了制度环境差异所产生经济后果的相关研究。

最后，由于数据收集较难，目前关于债券限制性条款的研究文献并不多见，限制性条款是债券契约的重要组成部分，能够有效约束公司内部人的自利行为。本书系统研究终极所有权结构、制度环境对债券限制性条款强度的影响途径，有助于丰富委托—代理理论和信息不对称理论在债券限制性条款设计安排中的应用，拓展中国债券市场限制性条款的相关文献。

1.1.2.2 现实意义

近年来，政府为推动我国债券市场发展和加强债券市场监管、强化债券投资者保护等出台了一系列的政策和文件，如2008年出台的“金融30条”，提出要加大对金融市场的支持力度，扩大包括企业债、公司债、短期融资券等债券的发行规模；2014年出台的《关于进一步促进资本市场健康发展的若干意见》中为债券市场的规范发展提供若干指导建议；2015年出台的《公司债券发行与交易管理办法》将加强市场监管、强化投资者保护作为主要内容；“十三五”规划纲要指出，要完善债券发行注册制和债券市场基础设施，加快债券市场互联互通，稳妥推进债券产品创新。由此可见，政府监管部门对中国债券市场和投资者保护的重视程度越来越高。本书研究表明，债券投资者会关注债券发行公司的终极所有权结构，这一研究结果能够帮助政府监管部门了解债券募集说明书中风险信息对债券投资者的影响，为监管部门制定后续政策提供参考建议。同时，本书研究发现制度环境会在债券发行契约条款的设计中起到关键作用，政府监管部门应努力改善债券发行公司所处地区的外部制度环境，通过良好的制度提升投资者的保护程度，进而增加投资者投资信心。

## 1.2 研究目标和研究内容

### 1.2.1 研究目标

本书以我国蓬勃发展的公司债券市场和特殊的外部制度环境为背景，实证研究了上市公司的终极所有权结构和所处地区的外部制度环境对债券契约条款的影响机制，并在此基础上，进一步考察我国不同省市制度环境的差异如何影响上市公司终极所有权结构与债券契约条款间的关系，力求丰富债券契约条款影响因素、终极所有权结构和制度环境经济后果等方面的研究文献，并为政府监管部门的后续政策制定提供建议。

具体地，本书的研究目标包括：①理论分析并实证检验终极所有权结构与债券契约条款间的关系，厘清终极控制股东与债券投资者间的代理冲突对契约条款的设计产生的影响，以提高债券契约的规范性，促进信用关系良性发展；②理论分析并实证检验制度环境与债券契约条款间的关系，结合我国各省市间制度环境差异较大的现实背景，全面分析法律、金融、政府质量、社会信任等制度环境对债券契约条款设计产生的影响；③实证检验终极所有权结构与债券契约条款间关系如何随着制度环境的改善而改变；④在以上理论分析和实证检验的基础上，结合我国公司债券市场的现状，为监管部门制定后续政策提供参考建议。

### 1.2.2 研究框架

本书的研究内容可用研究框架图 1－1 加以描述。

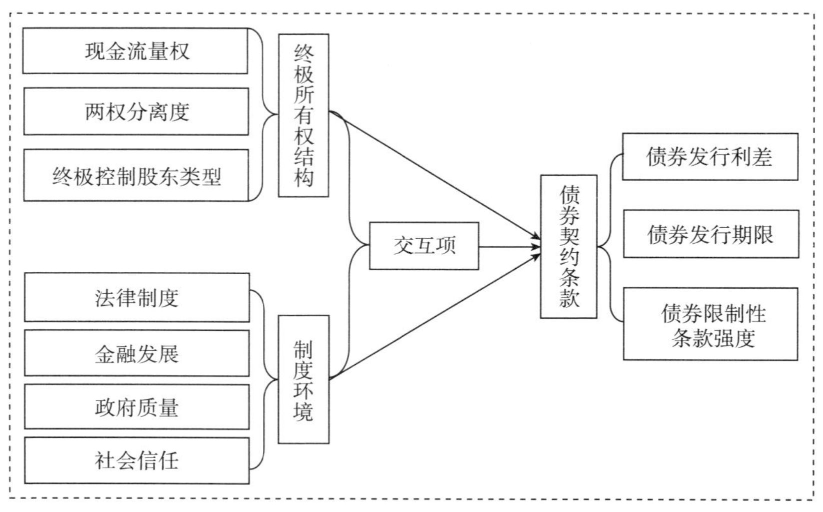


图 1－1　研究框架

### 1.2.3 研究内容

根据研究框架图1-1所示，本书的具体研究内容包括如下：

第1章为绪论。本章首先明确了本书的研究背景和研究意义；其次对本书的研究目标、研究框架、研究内容、研究方法、技术路线进行阐述；再次对本书中涉及的关键术语进行界定；最后对本书的研究创新点进行归纳总结。

第2章为文献研究综述。本章首先对债券契约治理效应的相关文献进行梳理和回顾；其次本章从公司特征、公司治理和制度环境三方面对债券契约条款影响因素的相关文献进行梳理；最后本章基于已有的研究文献，对现有文献存在的问题和不足之处进行评述。

第3章为中国公司债市场背景分析。本章对在深沪交易所发行的公司债券特征进行系统全面的剖析，主要包括中国公司债市场发展综述、中国公司债市场发行现状以及公司债限制性条款三方面。

第4章为终极所有权结构对债券契约条款的影响。本章理论分析了终极所有权结构与债券契约条款之间的关系；同时，使用单变量检验、OLS和Poisson回归对终极所有权结构与债券契约条款间关系进行实证检验，并对实证结果进行内生性分析和稳健性检验。

第5章为制度环境对债券契约条款的影响。本章从法律制度、金融发展、政府质量和社会信任四方面对制度环境进行度量，对制度环境与债券契约条款之间的关系进行理论分析，并提出相关研究假设；同时，使用单变量检验、OLS和Poisson回归对制度环境与债券契约条款间关系进行实证检验，并对实证结果进行内生性分析和稳健性检验。

第6章为终极所有权结构和制度环境对债券契约条款的交互影响。本章理论分析终极所有权结构与制度环境对债券契约条款的交互影响；同时，使用OLS和Poisson回归对终极所有权结构和制度环境的交互项与债券契约条款间关系进行实证检验，并对实证结果进行内生性分析和稳健性检验。

第7章为结论。本章对本书的主要研究结论进行总结，并根据研究结论提出政策启示，研究局限和未来研究方向。

# 1.3 研究方法和技术路线

## 1.3.1 研究方法

首先，本书通过文献研究方法梳理国内外关于债券契约条款治理效应和影响因素的相关研究文献。我们通过大量阅读关于债券契约条款、终极所有权结构和制度环境等方面的国内外研究文献，掌握国内外该研究领域的最新研究动态，并结合中国目前的公司债券市场、公司股权结构和公司外部特殊的制度环境，总结现有文献中存在的不足。其次，采用规范研究方法，结合中国特殊制度背景，应用委托代理理论、信息不对称理论、契约理论、制度理论等，搭建终极所有权结构、制度环境与债券契约条款之间关系的理论框架。最后，使用实证研究方法，以深沪两市A股发行的公司债券为研究样本，使用OLS、Poisson等方法实证检验终极所有权结构、制度环境以及两者交互项对债券契约条款的影响。进一步地，本书对所有实证研究结果的内生性问题进行研究，并进行多种方式的稳健性分析。

## 1.3.2 技术路线

本书的研究思路和技术路线可用图1-2加以描述。

从图1-2可见，本书的技术路线可归纳为八个步骤：①文献研究综述；②中国公司债券市场背景分析；③理论分析并提出研究假设；④设计实证研究模型；⑤样本选择和数据收集；⑥进行单变量检验和多元回归分析；⑦实证结果分析以及内生性、稳健性检验；⑧总结主要结论以及政策启示。

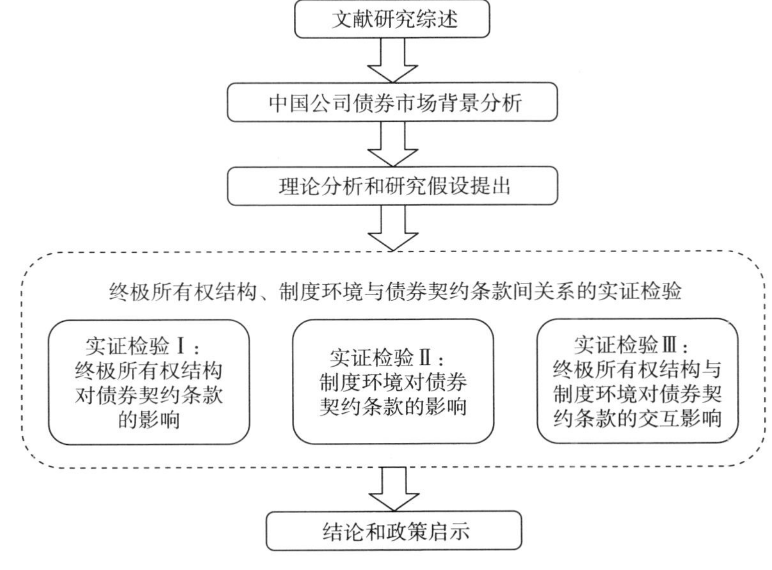


**图1-2 技术路线**

# 1.4 关键术语界定

## 1.4.1 终极所有权结构

参考以往研究文献（肖作平和乔晓琴，2014；尹林辉，2015），本书使用终极控制股东的现金流量权、两权分离度和终极控制股东性质描述终极所有权结构，同时，本书以海航投资集团股份有限公司（股票代码：000616）2016年的终极控制股东控股关系链公告图为例，解释终极所有权结构的计算方式，关系链如图1-3所示。

从图1-3可见，海南省慈航公益基金会是海航投资集团股份有限公司的终极控制股东，其持有海航集团的控制权为21.25%（=1.27%+19.98%），现金流量权为 4.8344% （=65% ×50% ×70% ×100% ×100% ×1.27% +65% ×50% ×70% ×100% ×19.98%），两权分离度为 4.3956（=21.25% ÷4.8344%），终极控制股东属性为非国有属性。

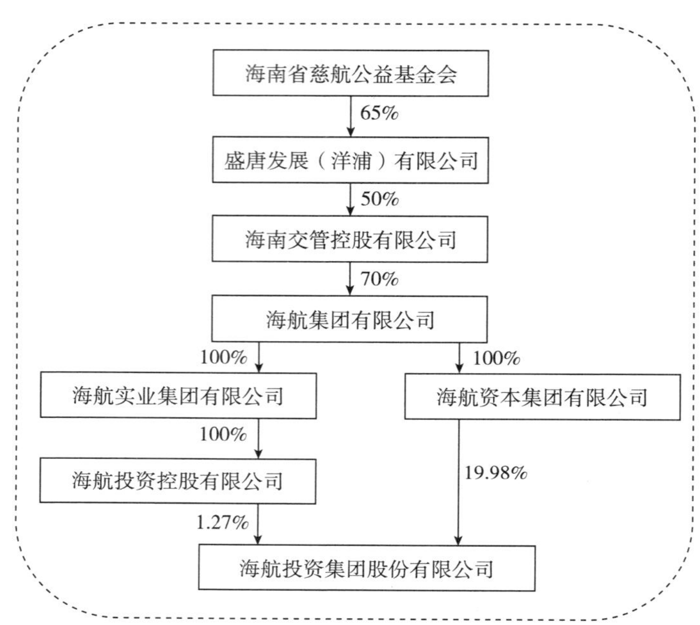


**图 1 –3　终极控制股东控股关系链（以海航集团为例）**

### 1.4.2　制度环境

制度是一个社会的游戏规则，更规范地说，它们是为决定人们的相互关系而人为设定的一些制约（North，1990）。制度既包括成文规则，也包括那些作为正规规则的基础与补充的非成文行为准则。制度环境的质量对经济发展起到重要作用，良好的制度环境能够降低市场交易成本和市场信息不对称成本（Meyer，2001），进而能够提升市场中个体成功达成交易的可能性。良好的制度环境对公司的融资能力产生有益影响，以往学者通常使用国际数据，通过比较不同国家间的制度差异研究制度环境对公司金融的影响（Holmström and Tirole，1993；Demirgüç – Kunt and Maksimovic，1998；Giannetti，2003；Qi and Wald，2008；Qi et al.，2011；Awartani et al.，2016）。我国自 1978 年改革开放以来，一直处于计划经济向市场经济的转型时期，但受历史、地理和政策等因素的影响，改革策略在全国不同地区的发展进程存在显著差异，使我国不同地区间的制度环境差异巨大，进而直接影响市场中契约的签订和市场交易的成本。参考以往文献（La Porta et al.，1998；Boubakri and Ghouma，2010；Awartani et al.，2016），本书选取法律制度、金融发展、政府质量、社会信任四个代理变量来描述中国制度环境。

### 1.4.3 债券契约条款

债券投资者与股东之间存在着股利支付、权益稀释、资产置换和次级投资四类冲突，理性的债券投资者能够识别股东的自利动机，进而在筛选债券时，会对债券发行主体的自利动机进行评估，通过要求严格的契约条款限制公司财富被内部人转移的可能性（Smith and Warner，1979）。债券契约通常包括价格条款（发行利率）和非价格条款（发行金额、发行期限、是否担保、限制性条款）两类。其中，限制性条款的主要作用是限制经理人员的行为或要求其按照一定原则、目的行事，以保护债券投资者的合法、正当权益。债券投资者通过限制性条款，对发债企业提出一些约束条件，如限制企业股利支付、举借新债和对外投资等行为。此外，限制性条款还可能要求债务企业维持特定的营运资本、资产负债率、净资产总值等财务指标，以避免企业陷入财务困境，损害债券投资者利益。债券契约中价格条款与非价格条款的协同作用，既能缓解债券投资者与公司内部人之间的代理冲突和信息不对称问题，也能够降低债券违约时投资者面临的损失。本书所研究的中国公司债券契约条款包括债券发行利差这一价格条款，以及发行期限、限制性条款强度共三个代理变量。

## 1.5 研究创新

本书的主要研究创新点体现在以下几方面：

（1）本书基于中国的公司债市场，围绕公司债的发行利差、发行期限和限制性条款三种契约条款，就中国上市公司的终极所有权结构、外部制度环境以及两者交互项与公司债券契约条款间关系进行探讨。本书选取 2008 ~ 2016 年我国 A 股上市公司在沪深证券交易所公开发行的一般公司债券作为研究样本，采用 OLS 和 Poisson 等回归模型，考察终极所有权结构、外部制度环境和两者交互项对债券发行时的价格条款（利差）和非价格条款（期限、限制性条款）的作用。以往关于债券契约的文献主要基于公司的财务特征、公司治理结构（董事会结构、股权结构、内部控制）、法律制度环境等视角探讨债券契约的影响因素，然而公司治理结构中的终极所有权结构、全面的外部制度环境与债券契约条款间存在何种关系并未得到充分分析，本书研究终极所有权结构和外部制度环境对债券契约条款的影响能够对现有债券契约的相关文献做出进一步拓展和补充。

（2）以往关于限制性条款的研究主要集中在西方国家（Chava and Rober，2008；Reisel，2014；Bradley and Roberts，2015；Cohen et al.，2016），国内仅有少量学者对公司债券的限制性条款进行研究，但对如何设计中国公司债限制性条款仍未达成统一。本书根据 Billett 等（2007）、Chava 等（2010）对债务契约中限制性条款的分类，并结合中国债券契约的特点，定义十三项中国公司债券市场的限制性条款，并将限制性条款分为投资类、支付类、再融资类、事件类、期权类和偿付安排类条款六大类。同时，由于国内数据库并未包括公司债券的限制性条款数据，为了完成实证分析，从 A 股上市公司披露的公司债募集说明书中手工收集每只债券的限制性条款信息。在对比已有研究的基础上，本书首次检验了终极所有权结构、制度环境及两者交互项对债券限制性条款强度的影响。

（3）以往研究虽有涉及制度环境对债券契约的影响，但这些研究主要集中于考察投资者保护程度、执法质量等法制因素如何影响债券契约条款。然而，除法律因素外，制度环境还包括许多其他因素，例如经济发展水平、地区腐败程度、政府质量、社会信任等，这些制度因素在缓解内部人与外部投资者间代理冲突和信息不对称问题中都扮演着重要角色，尤其对于法律保护程度较低的发展中国家，非法律因素会对公司债务融资产生重要影响。本书同时考察法律制度、金融发展、政府质量和社会信任等制度因素，力求深刻理解制度因素在债券契约条款设计过程中所发挥的重要作用。

# 第2章　文献研究综述

债券契约条款被视为缓解债券投资者与控制股东间代理冲突的有效工具。当债券发行后，与股东利益一致的公司管理者会采取一系列自利行为，理智的债券投资者能够意识到内部人的自利动机，从而要求更高的债券融资成本降低股东的利益转移动机（Smith and Warner，1979）。以往关于债券契约的研究主要集中在以下两方面：一是债券契约的治理效应；二是债券契约的影响因素。

## 2.1　债券契约的治理效应

债务契约的合理设计可以缓解股东和债权人之间的代理问题（Jensen and Meckling，1976），是一种非常重要的公司治理机制。债务契约通过发挥破产威胁、债权人监管和相机机制等，平衡股东、管理者和债权人之间的利益，减缓代理冲突和信息不对称问题，从而影响公司的治理效率和整体价值。经典债务契约治理效应的理论路径大致分为以下四类：第一，激励约束理论。债务契约会对公司管理者的勤勉程度和其他行为选择产生影响，较高的融资金额和较短的融资期限会对公司管理者产生激励约束作用，使其更加努力工作，从而提高公司治理水平（Grossman and Hart，1982）。第二，控制权转移理论。公司的举债行为使公司的控制权在管理者、股东和债权人之间相互转移，为了避免控制权转移至债权人手中，公司管理者会努力工作，从而产生治理效应（Stutz，1990；Hart，1995）。第三，信息传递理论。不同的债务契约会传递有关公司真实价值的不同信号，外部投资者通过债务契约传递的信息对公司的经营情况和管理者的努力程度进行判别，进而影响公司价值（Heinkel，1982）。第四，利益相关者理论。为实现利益相关者价值最大化，外部利益相关者会监管和约束公司管理者的行为。债权人尤其是银行为了保障债务的安全和自身利益，通过债务契约给予的权利，对公司管理者进行监督和控制，从而产生治理效应（Diamond，1984；Jensen，1986）。

在债务契约治理效应理论研究的同时，也涌现出大量关于债务契约治理效应的实证研究，尤其是债券契约条款治理效应的实证研究。Cremers 等（2007）研究发现，债券限制性条款的存在能使股东与债券投资者间的利益更趋一致，相比于存在限制性条款的公司，债券投资者对股东控制能力的风险评估在不存在限制性条款保护的公司中更高。Billett 等（2010）研究发现，债券中包含控制权转移条款的公司，其被杠杆收购时产生的额外收益要比不包含控制权转移条款的公司高出 9.06 个百分点。同时，包含控制权转移条款的公司被杠杆收购的可能性更低。Boubakri 和 Ghouma（2010）研究发现，当公司存在较高的两权分离度时，债券契约中的保护性条款能够降低终极控制股东的掏空动机，从而降低债券利差。当债权人权利保护环境较差时，保护性条款也能够降低债券利差。然而，保护性条款并不能有效地降低家族企业的债券利差。Nikolaev（2010）研究发现，当公司的会计系统及时反映公司的经济状况时，债券限制性条款能更有效地削弱管理者的掏空能力。因此，使用限制性条款的公司会计稳健性更高，这种关系在债券发行的数年后依旧存在。然而，当公司存在私有债务时，会削弱限制性条款与会计稳健性的正相关关系。Reisel（2014）研究发现，当公司契约条款包括更多优先权条款（反面承诺担保条款、售后租回条款）和投资类限制性条款时，公司债券融资成本较低。Bradley 和 Roberts（2015）研究发现，债券限制性条款与债券信用利差呈显著负相关关系，这一结论与 Smith 和 Warner（1979）提出的权衡理论一致。Badoer 和 James（2016）研究发现，当公司信用评级越高时，公司发行 20 年以上期限的债券越多；信用评级在 A－及以上的公司更容易发行长期无担保的公司债券。Livingston 等（2018）对中国债券市场进行实证研究发现，中国债券的信用评级能够体现债券的违约风险，债券投资者在购买债券时会参考信用评级机构给出的信用评级结果，进而影响其对债券风险溢价的要求。

国内的研究，陈超和李镕伊（2014）通过实证分析指出，公司债券募集说明书中关于债权人保护条款的严格程度与债券融资成本呈显著负相关关系。史永东和田渊博（2016）研究发现，债券契约条款与债券的信用价差和非信用价差呈显著负相关关系，并且对信用价差的影响更大；债券契约条款与债券到期收益率的总价差呈显著负相关关系。结果说明，债券契约条款能够有效保护债券投资者权益，降低债券投资者承担的风险。史永东等（2018）具体研究了每类限制性条款对债券融资成本的影响，实证结果发现，债券契约条款是降低债券融资成本的主要工具。其中，期限类条款对债券融资成本的影响最大，能降低超过100个基点的实际发行利率，而限制资产转移类条款、限制投资类条款和限制融资类条款对债券融资成本的影响程度相似，均能降低60~70个基点的债券发行利率。

## 2.2 公司特征与债券契约

关于债券契约研究的另一主要内容是债券契约影响因素。先前关于债券契约影响因素的研究主要集中在公司特征上。Malitz（1986）研究发现，规模越大、资产负债率越低，债券发行时的限制性条款越少。Cai等（1999）研究发现，银行贷款金额越大的公司更容易发行长期公司债券，因为债券投资者在此类公司中更容易产生“搭便车”行为。Nash等（2003）研究发现，破产风险越低、成长性越高的公司，其关于股利发放和债务融资的限制性条款越少。Billett等（2007）研究发现当公司资产负债率越高、成长性越高时，公司限制性条款保护指数越大；当公司债务期限越短时，公司限制性条款保护指数越低。Bharath等（2008）指出，公司披露的会计质量与债券价格条款呈显著正相关关系，而与债券非价格条款并无显著关系。Armstrong等（2010）的研究指出，公司披露高质量的会计信息能够缓解内外部投资者的代理冲突和信息不对称问题，增强债权人投资信心，进而降低其对契约条款的要求。Ge和Kim（2014）研究发现，公司盈余管理越多，债券发行利差越高，债券信用评级越低。Helwege等（2014）指出，债券的流动性程度会对债券融资成本产生显著影响。Cook等（2014）研究发现，流动性风险会对债券契约中的投资类、支付类、再融资类、事件类限制性条款及其所有子条款产生显著影响。偿债能力风险会对所有投资类、支付类条款产生显著影响，但仅会对部分再融资类、事件类限制性条款的子条款产生影响。Reisel（2014）研究发现，当公司有形资产比率越高，成长机会越高时，债券契约中限制性条款越少。Ge 和 Liu（2015）研究发现，企业社会责任水平越高，债券融资成本越低，即债券发行利率越低、信用评级越高、限制性条款严格程度越低；当公司债券为投资级债券时，企业社会责任与债券融资成本间负相关关系更显著；当公司财务水平更好时，企业社会责任与债券融资成本间负相关关系更显著，说明债券投资者更加关注运营良好的公司中的企业社会责任；当公司治理水平越差、信息不对称程度越强、行业不确定性越大时，企业社会责任与债券融资成本间负相关关系更显著。Bradley 和 Roberts（2015）指出，公司规模、有形资产比例与债券契约的保护性程度负相关，公司成长机会、负债比率、现金流量波动性与债券契约的保护性程度正相关。Gong 等（2018）研究发现，公司披露企业社会责任的信息质量越高，债券利差越低；当公司内部治理较差或外部制度环境较差时，企业社会责任与债券利差的负相关关系更加显著，说明企业社会责任信息披露与公司治理在减少债券融资成本的作用上存在替代效应；当公司存在不当行为时，公司披露的信息质量较差，企业社会责任与债券利差的关系在此类公司中减弱。

赵晓琴和万迪昉（2011）研究发现，当公司的资产负债率较低，公司规模较大时，短期融券和中期票据的票面利差越低。周宏等（2012）研究发现，债券投资者能够识别与股东之间的信息不对称问题，公司的信息不对称程度对中国企业债券信用利差产生显著正向影响。陈相如等（2012）研究发现，公司成长性、固定资产比率、资产负债率、融资规模与债券发行期限呈显著正相关关系；公司规模与债券发行期限呈显著负相关关系。王安兴等（2012）研究发现公司债利差与无风险利率、利率期限结构斜率和公司杠杆比率呈反向关系。朱松（2013）研究发现，会计信息质量（以是否聘请四大会计师事务所审计、会计稳健性、盈余波动性表征）与企业信用评级显著正相关，与债券融资成本显著负相关，说明高质量的会计信息能够降低债权人与债券市场参与者的信息不对称，提高参与者的决策效果。陈超和李镕伊（2013）研究发现，公司审计质量与债券信用评级和发债主体信用评级呈显著正相关关系，且该正相关关系在民营企业中更加显著。施丹和王博森（2014）研究发现，公司的盈利能力、营运能力与债券一级市场和二级市场的利率都显著负相关；公司的流动能力和偿债能与债券一级市场和二级市场的利率都显著正相关；公司的成长能力与二级市场的利率显著负相关，但与一级市场债券利率无关。刘娥平和施燕平（2014）研究发现，债券发行主体为获取更好的信用评级，在公司获得首次信用评级之前，会积极进行正向盈余管理。同时，这种正向盈余管理会提升信用评级机构对债券发行主体的信用评级。高强和邹恒甫（2015）研究发现，信用评级、资产规模、资产负债率、债券年龄对企业债和公司债在二级市场的收益率产生显著影响；国企背景对企业债和公司债在二级市场的收益率没有产生显著影响；二级市场中的企业债更注重流动性风险，而公司债则更注重信用风险。张旭昆和李晓红（2015）研究发现，较高的债券等级能够有效地降低债券发行成本，且这种关系在民营企业中更为显著。史永东等（2017）研究发现，我国公司债市场中公司的市账比与契约条款指数显著正相关，说明当公司的成长性较高时，债券发行公司通过引入契约条款缓解公司股东与债券投资者间的代理冲突。

## 2.3 公司治理与债券契约条款

公司治理可以降低公司的代理冲突和信息不对称问题，进而对债券融资产生影响并体现在债券契约条款的设计中。近年来，部分学者开始从董事会结构、股权结构、内部控制等视角开展债券契约条款影响因素研究。Anderson 等（2003）研究发现，家族企业能够获取更低的债券融资成本。具体地，当家族成员持有低于 12% 的公司股份时，其债券融资成本比非家族企业的融资成本低 32 个百分点。当家族成员股份份额高于 12% 时，家族企业的融资成本会增加，但仍低于非家族企业的融资成本。然而，当家族企业 CEO 为公司创始人后代时，债券融资成本会显著提升。Bhojraj 和 Sengupta（2003）指出，机构投资者作为外部治理机构能够有效监管公司内部人的自利行为，增强公司生产力，优化公司信息披露质量，降低公司债券违约风险。实证结果显示，机构投资者持股比例与公司债券利率呈显著负相关关系，而与公司债券信用评级呈显著正相关关系。然而，当机构投资者持股比例高于一定比例时，公司债券利率会随之上升，而信用评级会随之降低。Klock 等（2005）研究发现，公司治理水平越高，公司债券融资成本越低；公司治理水平越低，公司债券融资成本越高。Ortiz – Molina（2006）实证指出，债券投资者能够识别管理者持股所产生的自利动机，从而要求更高的债券发行利率。实证结果显示，管理者持股比例与公司债券发行利率呈显著正相关关系，这一正相关关系随着管理者持股比例的增加而逐渐降低。此外，管理者持有股票期权对债券发行利率的影响要显著大于持有股票所有权对债券发行利率的影响。Cremers 等（2007）研究发现，股东控制能力越强，债券发行利率越高、信用评级越低，但这种关系仅存在于更易被并购的公司。Boubakri 和 Ghouma（2010）使用22 个国家的8000 家公司实证分析发现，两权分离度与债券利差呈显著正相关关系，与债券评级呈显著负相关关系。家族企业发行的债券利差更高且债券评级更低，这一实证结果与 Anderson 等（2003）以美国样本进行研究的结果相反。Chava 等（2010）研究发现，管理者壕沟效应会增加债券契约中使用限制管理者建造个人帝国的相关投资类条款，同时，管理者壕沟效应会减少债券契约中使用股利支付和并购相关限制性条款。进一步地，未来投资质量的不确定性与投资类限制性条款显著正相关，财务报告的透明度与股利支付类限制性条款显著负相关。Liu 和 Jiraporn（2010）研究发现，CEO 权力越大的公司，债券融资成本越高，即债券发行利差越大，债券信用评级越低。Mansi 等（2011）研究发现，债券投资者十分重视财务分析师传递的信息。分析师活动会减少公司发行债券的利差，当公司价值不确定性越高时（公司非系统风险越高），分析师活动的经济影响越显著。Aman 和 Nguyen（2013）研究，公司治理越好（董事会规模越大，机构投资者持股数越多），公司信用评级越高；财务报表披露越及时，披露信息越丰富，公司信用评级越高。Borisova 等（2015）通过实证分析发现，非金融危机时期，政府所有权与公司债券信用利差呈现显著正相关关系，此时政府的掠夺之手作用更加显著；金融危机时期，政府所有权与公司债券信用利差呈现显著负相关关系，此时政府的隐性担保作用更加显著。Huang 和 Petkevich（2016）研究发现，当公司的机构投资者持股期限较短时，公司债券利差较高，因为机构投资者的短期持股会提升公司财务风险以及股票波动率；当机构投资者持股期限较长时，公司债券利差较低；当外部治理环境较差时，不同类型机构投资者对债券融资成本的影响更加显著；无论机构投资者持股期限较长或较短，集中的所有权结构会导致更高的债券融资成本。Tanaka（2016）研究发现，公司管理者持股比例越高，公司债券发行期限越短、发行利率越高、债券信用评级越差，说明债券投资者将管理者持股视为一种风险因素，因此仅接受期限较短的公司债券以降低投资风险。Ghouma（2017）研究发现，债券投资者与债券评级机构能够意识到管理者的机会主义行为，因此会要求更高的信用利差以及给出更低的信用评级；萨班斯法案出台后，债券投资者与债券评级机构对管理者的机会主义行为更加警觉，因此在法案出台后，当公司管理者进行“壕沟”行为时，公司的债券信用利差更低且债券信用评级更差。

赵晓琴和万迪昉（2011）研究发现，第一大股东持股比例对票面利差的影响呈“U”形关系。说明当第一大股东持股比例较低时，第一大股东的治理效应会降低公司债券融资成本；当第一大股东持股比例上升至一定程度后，其掏空动机会增加公司债券融资成本。张广宝等（2013）研究发现，当债券发行公司为国有企业时，债券的融资成本更低；上市公司自愿披露正面的内部控制鉴证报告会向外界释放公司高信息质量的信号，从而降低公司债券融资成本，但是这一反向关系在国有发债公司中并不显著，说明政府的隐性担保作用会使债券投资者忽视对上市公司信息质量的关注。欧阳励励等（2014）通过实证分析指出，终极控制股东控制权与现金流量权的两权分离度越高，公司债券融资成本越高；相比于中央企业，地方政府企业与民营企业面临的债券融资成本更高。韩鹏飞和胡奕明（2015）指出，政府隐性担保与公司发行的企业债券利差呈反向关系，与地方融资平台债券利差呈正向关系。结果说明，政府隐性担保会降低国有企业的违约风险，从而降低债券投资者的风险溢价。但地方融资平台承担部分政府职能，损害债券投资者利益，增加债券投资者的风险。辛丽霞等（2017）对2008～2015年上市公司发行的公司债为研究样本发现，企业的避税程度与公司债券信用评级呈显著负相关关系。彭叠峰和程晓园（2018）研究指出，在“11超日债”发生违约后，公司国有产权性质与债券信用评级对债券信用利差的影响增强。敖小波等（2017）研究发现，公司内部控制与公司债券的信用评级或主体评级呈显著正相关关系，即公司内部控制质量越好，债券信用评级和主体信用评级越高，公司债券融资成本越低。周宏等（2018）研究发现，良好的公司治理能够显著降低公司的债券信用利差，并且这种关系在民营企业中更加显著。

## 2.4 制度环境与债券契约条款

随着"法与金融"研究的兴起，部分学者研究发现，公司债券违约风险不仅取决于微观层面的公司特征和公司治理结构，而且取决于宏观层面的制度环境特征，制度环境包括法律渊源、法律实施质量、腐败程度等正式制度环境，还包括社会信任、社会关系网络、社会资本等非正式制度环境。La Porta 等（2002）认为，在投资者法律保护较高的国家，公司内部人对债权人利益侵占的可能性较低，此时债权人愿意以较低利率向公司提供资金。Miller 和 Puthenpurackal（2002）研究发现，良好的法律保护和信息披露能够降低债券发行公司的融资成本。然而，当公司处于投资者保护程度较差的国家，或当债券发行公司为首次发行者时，债券投资者会要求更高的发行利率。Qi 和 Wald（2008）研究发现，美国各州中存在的限制支付类法律条款与债券限制性条款存在替代关系。当公司所处的州中存在严格的限制支付类法律条款时，其债券发行契约中包括支付类限制性条款、反面承诺担保条款、资产替代条款的可能性降低。然而，当公司所处的州中存在严格的反并购条款时，其债券发行契约中更可能包括反并购保护条款，比如毒丸计划。Boubakri 和 Ghouma（2010）指出，良好的债务执行质量会对债券融资成本产生显著负向影响，对债券信用评级产生显著正向影响。然而，债权人权利保护指数对债券利差及评级的影响并不显著。Francis 等（2010）对美国 1999～2000 年公司发行的债券进行实证研究发现，当公司所处州的反并购条款更严格时，债券发行的融资成本更低。Qi 等（2011）研究发现，当债券发行国家的债权人法律保护程度越高时，债券限制性条款数量越少且种类越少，表示债权人法律保护与限制性条款存在替代关系。当债券发行国家的股东法律保护程度越高或公司层面治理水平越好时，债券限制性条款数量越多且种类越多，结论表示股东控制能力越强，股东与债券投资者间代理冲突越严重。Garay 等（2019）

以 13 个亚洲和拉丁美洲新兴市场国家和 8 大行业中公司发行的债券为研究样本，实证研究发现国家和行业的虚拟变量会对公司的债券发行利差产生显著影响。金鹏辉（2010）研究指出，公司债券市场越发达，国债的基准利率越低，公司的债券融资成本越低。戴国强和孙新宝（2011）基于 2000 ~ 2010 年中国债券市场的企业债进行实证研究发现，GDP 指数和 M1 发行量会对企业债券的信用利差产生显著的正面影响，而无风险利率和收益率曲线斜率会对债券信用利差产生显著的负面影响。潘俊等（2016）研究发现，良好的金融生态环境能够为地方政府筹措资金创造条件，从而有效降低省级城投债的融资成本。

经济活动通常嵌入在社会制度环境之中，社会制度环境作为一种非正式机制，可以有效弥补正式制度存在的不足。由于经济金融理论在解释债务契约时存在固有的局限性，近年来，部分学者从社会学和金融学这一交叉学科出发，研究社会制度环境对债券契约的影响。例如，Braggion（2011）研究发现，管理者是共济会成员的公司更容易进行外部融资，这种关系在非上市公司中更加显著。Chen 等（2013）对美国 2001 ~ 2008 年公司债券市场进行实证研究发现，客户与供应商的信息不对称问题会对公司的债券融资能力产生重要影响，客户与供应商的信息不对称程度越大时，公司的债券融资成本越高。当客户与供应商为公司主要利益相关者时，这一关系更加显著。Zhu 和 Cai（2014）对美国扬基债券市场进行实证研究发现，美国与扬基债券发行国间文化差异越大时，扬基债券的融资成本越高。Chuluun 等（2014）研究发现，公司董事社会网络中心度越高，其公司债发行利率越低，且这种关系在信息不对称环境下更加显著。王雄元和高开娟（2017a）对中国公司债的二级市场进行实证研究发现，客户集中度提升了债券二级市场中的融资成本。这种关系在客户关系风险、商业信用风险和企业未来收入风险提升时更为显著。王雄元和高开娟（2017b）对客户集中度与公司债发行定价过程中的作用进行探讨，研究发现，第一大客户销售占比与公司债发行价差显著正相关。林晚发等（2018）研究发现，担任过人大代表或政协委员的管理者所在企业的发行债券的成功率更高，但发债成本更大。

## 2.5 本章小结

通过对国内外研究现状的整理，本书发现：

先前关于债券契约影响因素的研究主要集中在公司特征上。近年来，部分学者把目光转向股权结构、董事会结构、CEO 权力、机构投资者持股等公司治理因素对债券契约的影响上。然而，在全球大多数国家，公司股权结构是高度集中的而非高度分散的，终极控制股东与外部投资者之间的代理冲突成为上市公司主要代理问题。拥有绝对控制权的终极控制股东具备能力和动机采取隧道行为攫取控制权的私有收益，损害外部投资者利益。但到目前为止，国外仅有一篇文献研究终极所有权结构对债券契约的影响（Boubakri and Ghouma，2010），并且这篇文章仅探讨了两权分离度、产权性质对债券价格条款的影响，未考虑终极所有权结构对债券非价格条款的影响。中国上市公司的控制股东利用绝对控制权掠夺外部投资者利益的问题十分严重，本书通过现金流量权、两权分离度和终极控制股东性质度量终极所有权结构，并研究终极所有权结构对债券契约条款（包括价格条款和非价格条款）的影响。

随着“法与金融”研究的兴起，制度环境这一重要的外部治理机制逐渐受到学者们的关注，以往的研究有涉及制度环境对债券契约的影响，但这些研究主要集中于考察投资者保护程度、执法质量等法制因素如何影响债券契约条款。然而，除法律因素外，制度环境还包括许多其他因素，例如经济发展水平、地区腐败程度、政府质量、社会信任程度等，这些制度因素在抑制控制股东的掏空行为中都扮演着重要角色，尤其对于法律保护程度较低的发展中国家，非法律因素会对公司债务融资产生重要影响。因此，本书同时考察法律制度、金融发展、政府质量和社会信任等制度因素，力求深刻理解制度因素在债券契约条款设计过程中所发挥的重要作用。

终极所有权结构与制度环境对债券契约条款的交互效应至关重要，它反映出终极所有权结构与债券契约条款之间的关系如何随着制度环境的引入而变化。先前的研究没有考虑这一重要的交互效应对债券契约条款的影响，本书详细探讨了终极所有权结构、制度环境、债券契约条款三者间的关系，这一研究能够对当前文献进行有益补充，并且能够为政府相关部门进一步促进我国金融市场的健康发展提供参考。

此外，国内先前文献主要集中于对债券发行利差和债券信用评级的影响因素进行研究，大多忽视了限制性条款这一重要的非价格条款。限制性条款是文本形式的特殊条款，它可以抑制债务人在契约签订后进行损害债权人利益的行为，从而有效缓解债务双方之间的代理冲突和信息不对称问题。本书把债券契约的限制性条款纳入研究框架，研究终极所有权结构和制度环境如何影响债券契约限制性条款的使用强度，力求全面、系统地考察债券契约条款。

# 第3章　中国公司债券市场背景分析

## 3.1　中国公司债市场发展综述

自2007年起，为缓解上市公司的融资需求，以及满足各类投资者的投资需要，我国证监会依据《证券法》《公司法》，正式颁布了《公司债券发行试点办法》（以下简称《试点办法》），标志着我国公司债券市场的正式建立。《试点办法》共包括总则、发行条件、发行程序、债券持有人权益保护、监督管理与附则共六章、三十二条。2007年9月19日，中国长江电力股份有限公司（600900）（以下简称长江电力）的发债计划获证监会发审委2007年第128次工作会议审核通过，同年10月12日在上交所发行上市的07长电债（122000）成为国内首家获准发行的公司债。07长电债（122000）的发行规模为40亿元，债券票面金额为100元，债券期限为10年，票面利率为5.35%，并带有回售条款，主体信用等级为AAA，债项信用等级为AAA。

随着2007年第一只公司债的破冰发行，中国公司债市场迅速发展，规章制度日益完善，并逐渐被投资者所认可，截至2016年12月31日，深沪交易所共发行1708只一般公司债，发行总额为25522.01亿元。从表3－1可见，2007年公司债发行破冰，共有三家上市公司发行5只公司债。2008年是公司债快速发展的一年，2008年7月、8月，包括保利地产、中粮地产、万科集团、北辰实业等多家房地产龙头纷纷发债，掀起一股公司债的发债潮。然而，随着全球金融危机的深化，我国资本市场受到严重波及。在新股发行进入暂停状态之后，从2008

年9月开始公司债券暂停发行，直至2009年7月，随着豫园商城公司债的发行，公司债市场才得以解冻。2010年底，中国证监会、深沪交易所召开了“公司债券发展研讨会”。会议提出了公司债券发行审核改革，对于净资产规模在100亿元以上或资信评级为AAA的公司发行公司债，证监会将给予快速审批；对于发行期限较短，如3年以内的债券，证监会将加快审批流程。证监会着手开辟的“绿色通道”加速了公司债券市场的发债，由表3－1可见，2011年深沪交易所共发行82只一般公司债，较上年增长72%，发行规模从511.5亿元上升至1281.2亿元，增幅达到60%。2015年公司债的发行规模呈现出井喷式增长，2015年共发行320只一般公司债，较上年增长245只，增长率高达76.6%，发行规模从756.1亿元增长至5250.99亿元。2015年证监会在扩大债券发行主体范围后，公司债的发行规模再次扩张，2016年上市及非上市公司共发行877只一般公司债，发行金额高达12811.77亿元，同比增长59%。

**表3－1　2007～2016年公司债发行数量及规模**

| 年份 | 发行数量（只） | 发行规模（亿元） |
|---|---|---|
| 2007 | 5 | 112 |
| 2008 | 15 | 288 |
| 2009 | 46 | 715.9 |
| 2010 | 23 | 511.5 |
| 2011 | 82 | 1281.2 |
| 2012 | 177 | 2464.2 |
| 2013 | 88 | 1330.35 |
| 2014 | 75 | 756.1 |
| 2015 | 320 | 5250.99 |
| 2016 | 877 | 12811.77 |
| 总数 | 1708 | 25522.01 |

公司债券市场的快速发展伴随着公司债券市场规章制度的日益完善。自2007

年证监会发布《试点办法》之后，2015 年 1 月，证监会推出了全新的《公司债券发行与交易管理办法》（以下简称《管理办法》），取代了实施 7 年多的《试点办法》。此次《管理办法》与原《试点办法》相比对债券发行主体、债券发行方式、债券发行审核流程等内容予以新的规定及扩充，其中主要包括以下几点修订内容：①《管理办法》将债券发行主体范围从境内证券交易所上市公司及发行境外上市外资股的境内股份有限公司，扩大至所有公司制法人，这一决策降低债券发行主体要求，扩大债券发行主体范围，意味着债券发行主体不仅限于上市公司，也包括具有法人资格的非上市公司，《管理办法》的这一修订极大鼓舞了非上市公司的发债热情，同时部分缓解了非上市公司的融资约束问题。②《管理办法》第三条规定公司债券可以公开发行，也可以非公开发行，这一修订内容丰富了债券发行的方式。《管理办法》对非公开发行公司债券（即私募债券）的发行及转让予以详细规定，同时将公开发行公司债券细分为可向公众投资者公开发行以及自主选择仅面向合格投资者公开发行，并详细列明了可面向公众投资者公开发行和向合格投资者公开发行债券的发行条件。③证监会在《管理办法》中具体规定了核准决策时间，简化了债券发行的审核流程，提升了债券发行的审核效率，同时，《管理办法》第十八条明确提出，对于仅面向合格投资者公开发行的发行主体，证监会将简化核准程序。《管理办法》的这一修订大幅简化了债券发行的审核流程，提升了债券发行审核效率，为符合资信状况的合格发行人成功发行公司债券提供了有力保障。④《管理办法》在第三章中强化了债券发行主体对募集说明书、募集资金的用途、可能影响发行人偿债能力或债券价格重大事项、资信评级机构的信用评级等信息披露要求，加强债券市场的监管力度，强化了债券持有人的权益保护，增强投资者的投资信心。⑤《管理办法》在第二十三条中指出将公开发行公司债券的交易场所由上海、深圳证券交易所拓展至全国中小企业股份转让系统，在第三十条中指出非公开发行公司债券的交易场所拓展至全国中小企业股份转让系统、机构间私募产品报价与服务系统和证券公司柜台。⑥《管理办法》完善了债券受托管理人和债券持有人会议制度，并对契约条款、增信措施做出引导性规定。

# 3.2　中国公司债市场发行现状

## 3.2.1　公司债发行特征

表 3－2 显示的是对深沪交易所发行一般公司债的发行数量及发行总金额的简单描述。截至 2016 年底，深沪交易所共发行 1708 只一般公司债，其中 1266 只一般公司债发行于上海证券交易所，发行数量占比高达 74.12%，发行总额度为 20869.51 亿元，而仅有 442 只一般公司债发行于深圳证券交易所，发行额度为 4652.50 亿元，发行数量占比仅为 25.88%。按是否上市将发行主体进行分组发现，上市公司在深沪两市发行公司债的数量相近，上市公司在上海证券交易所发行共 566 只一般公司债，在深圳证券交易所发行共 358 只一般公司债，但上市公司在上海证券交易所的公司债发行额度显著大于在深圳证券交易所发行的公司债总额度，差异高达 6410.98 亿元，说明上交所在公司债发行市场中仍保持着主板优势，致使在上海交易所发行的公司债普遍金额较大。自证监会在 2015 年 1 月颁布的《管理办法》扩大债券发行主体范围后，截至 2016 年底，非上市公司发行共 784 只一般公司债，其中 700 只发行在上海证券交易所，交易额为 10846.33 亿元，剩余 84 只发行在深圳证券交易所，交易额仅为 1040.60 亿元。

**表 3－2　公司债所在发行机构的描述统计**

| 全部一般公司债 | | | | |
|---|---|---|---|---|
| 分类 | 发行数量（只） | 占比（%） | 发行额度（亿元） | 占比（%） |
| 上交所 | 1266 | 74.12 | 20869.51 | 81.77 |
| 深交所 | 442 | 25.88 | 4652.50 | 18.23 |
| 上市公司发行一般公司债 | | | | |
| 分类 | 发行数量（只） | 占比（%） | 发行额度（亿元） | 占比（%） |
| 上交所 | 566 | 61.26 | 10022.88 | 73.51 |
| 深交所 | 358 | 38.74 | 3611.90 | 26.49 |

续表

| 非上市公司发行一般公司债 | | | | |
|---|---|---|---|---|
| 分类 | 发行数量（只） | 占比（%） | 发行额度（亿元） | 占比（%） |
| 上交所 | 700 | 89.29 | 10846.63 | 91.25 |
| 深交所 | 84 | 10.71 | 1040.60 | 8.75 |

表3－3显示的是不同发行期限公司的发行规模及发行数量。由表3－3可见，我国公司债的发行期限包括从1.5年至15年共10个发行期限类型，发行期限主要分布于3年、5年、7年和10年。其中，发行期限为3年的公司债数量为238只，发行额度为3557.03亿元，发行期限为7年的公司债数量为189只，发行额度为2766.5亿元，发行期限为10年的公司债数量为92只，发行额度为2161.9亿元。此外，共1083只一般公司债的发行期限为5年，占总发行个数比重接近64%，发行总额数高达15411.46亿元，占总发行额度比重60%。

**表3－3　公司债发行期限的描述统计**

| 发行期限 | 发行规模（亿元） | 发行数量（只） |
|---|---|---|
| 1.5 | 15 | 1 |
| 2 | 145.4 | 11 |
| 3 | 3557.03 | 238 |
| 4 | 176.12 | 14 |
| 5 | 15411.46 | 1083 |
| 6 | 695.9 | 44 |
| 7 | 2766.5 | 189 |
| 8 | 402.7 | 28 |
| 10 | 2161.9 | 92 |
| 15 | 190 | 8 |

表3－4显示的是按照主体评级及债券评级分布的债券发行规模及发行数量的统计。由表3－4可见，我国公司债发行主体评级包括A、A＋、AA－、AA、AA＋、AAA－、AAA共七个等级。主体评级主要分布在AA、AA＋、AAA这三

个级别，其中 AA 的公司债数量为 729 只，发行总金额为 6630.08 亿元，占总发行规模的 30%；主体评级为 AA + 的公司债数量为 413 只，发行总金额为 6361.58 亿元，占总发行规模的 24.6%；主体评级为 AAA 的公司债数量为 468 只，发行总金额为 12000.9 亿元，占总发行规模的 47%。总体来看，我国发行公司债的主体评级整体偏高，主体评级在 AA 级及以上的发行规模占总规模的 97.7%，区分度较差。我国公司债的债券评级主要包括 AA −、AA、AA +、AAA 四个等级，债券评级同样主要分布在 AA、AA +、AAA 这三个级别，债券评级在 AA 级及以上的发行数量为 1691，占总发行数量的 99%，发行金额为 25425 亿元，占总发行金额的 99.7%。

**表 3 −4　公司债主体评级及债券评级的描述统计**

| 主体评级 | 发行规模（亿元） | 发行数量（只） |
|---|---|---|
| A | 9.8 | 2 |
| A + | 31.45 | 9 |
| AA − | 477.2 | 86 |
| AA | 6630.08 | 729 |
| AA + | 6361.58 | 413 |
| AAA − | 11 | 1 |
| AAA | 12000.9 | 468 |
| 债券评级 | 发行规模（亿元） | 发行数量（只） |
| AA − | 95.2 | 17 |
| AA | 5909.84 | 672 |
| AA + | 6316.9 | 472 |
| AAA | 13200.07 | 547 |

穆迪和标普是占据绝对主导地位的美国两大评级机构。穆迪的信用评级由最高的 Aaa 级别到最低的 C 级别，共分为二十一个等级，其中穆迪的长期主体评级不仅反映主体的违约率，同时反映了投资者在主体违约时所承担的损失率。标普的长期债券信用评级共设有从 D 至 AAA 的十个等级，短期债券的信用评级分别为 A −1、A −2、A −3、B、C、D 共六个等级。相比于美国债券的信用评级，我

国公司债的信用评级普遍存在着等级虚高及区分度较差的问题，不能如实反映公司的违约风险。已有文献指出，我国债券市场的信用评级机构并没有获得市场的公信力（寇宗来等，2015），评级机构不仅没有对发生债券违约事件的公司收紧信用评级标准，反而为争取市场份额更加高估公司的信用评级（黄小琳等，2017）。

表3－5显示的是按照不同增信方式分布的公司债发行规模及发行数量的统计。由表3－5可见，2007～2016年发行的1708只一般公司债中，仅有450只一般公司债发行时伴有担保条约，占总发行数量的26.3%。其中担保方式包括第三方的不可撤销连带责任担保、保证担保、抵押担保和质押担保四类，增信方式较简单、单一。

**表3－5 增信方式的描述统计**

| 增信方式 | 发行规模（亿元） | 发行数量（只） |
| --- | --- | --- |
| 不可撤销连带责任担保 | 6365.72 | 415 |
| 保证担保 | 8 | 1 |
| 抵押担保 | 144.9 | 21 |
| 质押担保 | 87 | 13 |
| 无担保 | 18916.39 | 1258 |

### 3.2.2 公司债发行利率分析

影响公司债券票面利率包括以下三个因素：一是借贷资金市场利率水平；二是债券发行主体的资信情况；三是债券期限的长短。不同的公司在不同的发行时间，依据信用评级单位对债券发行主体的评级，以及预期债券发行期限，进而确定主体最终的债券发行价格。从表3－6中我们可以观察到，随着债券主体信用评级的提升，不同主体信用评级对应的公司债发行利率整体呈现逐渐降低趋势，除A＋及AAA－三个级别出现错配情况，错配产生的主要原因为A＋、AAA－三类界别的发行个数较少，极端值影响较大。仅考虑发行数量较多的AA－、AA、AA＋、AAA四类级别，公司债的发行利率均值分别为7.04、5.75、4.56和

3.87，可以看出，公司债主体信用评级与债券发行利率呈显著负相关关系，从AA－级主体评级对应发行利率至AAA级主体评级对应的发行利率，公司债发行主体的债券融资成本共降低3.17个百分点。结果表明，债券主体信用评级越高，公司债券发行利率，即公司债券融资成本越低，说明我国公司债市场的信用评级得到市场的关注及认可，公司债主体信用评级是确定债券票面利率的主要影响因素之一，相较于劣质级别的公司债，优质级别的公司债债券发行利率较低，债券定价十分合理。

**表3－6 不同期限、不同主体评级对应的公司债发行利率情况**

| 主体评级 | A | A+ | AA－ | AA | AA+ | AAA－ | AAA | 平均 |
|---|---|---|---|---|---|---|---|---|
| 1.5年 | | | | | | | 6.24 | 6.24 |
| 2年 | | | 7.5 | 4.75 | 6.2 | | 4.65 | 5.87 |
| 3年 | | 6.65 | 6.98 | 5.87 | 4.73 | 5.4 | 3.66 | 5.22 |
| 4年 | | | 7.5 | 5.44 | 4.61 | | 5.08 | 5.36 |
| 5年 | 7.2 | 6.31 | 7.05 | 5.7 | 4.46 | | 3.7 | 5.01 |
| 6年 | | 8.25 | | 5.86 | 4.81 | | 3.75 | 5.16 |
| 7年 | 8.5 | | 7.24 | 5.93 | 4.74 | | 3.95 | 4.94 |
| 8年 | | | 6.91 | 6.39 | 4.88 | | 3.54 | 5.53 |
| 10年 | | | 5.9 | 5.05 | 4.91 | | 4.4 | 4.51 |
| 15年 | | | | | 3.98 | | 4.47 | 4.29 |
| 平均 | 7.85 | 6.82 | 7.04 | 5.75 | 4.56 | 5.4 | 3.87 | 5.02 |

随着公司债发行期限的延长，我们发现公司债主体评级的总体利率均值逐渐降低，这一结果与预期及西方实证结论不符合。考虑到不同主体评级对应的公司债发行利率，我们发现，数量较多的AA－、AA、AA+、AAA四类级别中均存在不同期限间的错配情况，主要原因是部分期限对应的样本量有限所致。但仅观察数量较多的发行期限，例如AAA级别的3年、5年、7年和10年期限的公司债券，我们发现期限越长的公司债所对应的发行利率越高，即从3年期利率3.66%上升至10年期利率4.4%。结果显示，债券期限是债券发行定价的重要影响因素，随着债券期限的延长，债券投资者面临的违约风险增高，此时，债券投

资者会提高对投资回报率的预期，进而增加债券的发行价格。我国公司债市场出现发行期限与平均发行利率间反向关系的主要原因可能是，我国公司债券的主体评级普遍偏高，只有当债券主体评级处于较高水平时，债券发行人才能发行期限较长的公司债券（这一点可从AAA信用评级的主体发行10年期公司债占总10年期公司债83%以上看出），因此，发行期限较长的公司债券普遍是由拥有良好信用评级的发行主体发行的。良好的信用评级会降低债券主体未来违约的可能性，进而降低债券投资者对公司债未来的风险预期，减少债券发行人的融资成本。

**表3－7　公司发行期限的主体信用评级个数分布**

| 主体评级 | 1.5年 | 2年 | 3年 | 4年 | 5年 | 6年 | 7年 | 8年 | 10年 | 15年 | 合计 |
|---|---|---|---|---|---|---|---|---|---|---|---|
| A | | | | | 1 | | 1 | | | | 2 |
| A+ | | | 2 | | 5 | 2 | | | | | 9 |
| AA－ | | 3 | 21 | 1 | 48 | | 7 | 4 | 2 | | 86 |
| AA | | 2 | 112 | 8 | 513 | 22 | 58 | 12 | 2 | | 729 |
| AA+ | | 3 | 44 | 3 | 279 | 6 | 58 | 6 | 11 | 3 | 413 |
| AAA－ | | | 1 | | | | | | | | 1 |
| AAA | 1 | 3 | 58 | 2 | 237 | 14 | 65 | 6 | 77 | 5 | 468 |
| 合计 | 1 | 11 | 238 | 14 | 1083 | 44 | 189 | 28 | 92 | 8 | 1708 |

表3－8显示的是非上市公司与上市公司在不同债项评级中对应的公司债发行利率的比较。由表3－8可见，非上市公司各项债券评级所对应的发行利率均值及整体利率均值均小于上市公司的发行利率均值。产生这一结果的原因可能是投资者对公司债的认购意愿较为强烈有关。2015年5月，舟山港集团有限公司发行的“15舟港债”是证监会《管理办法》颁布后首只由非上市公司发行的公司债券，“15舟港债”的发行主体及债项评级均为AA+，票面利率为4.48%，是自2007年公司债市场开放以来的AA+级公司债的最低利率。此外，2015～2016年是我国的货币宽松时期，2015～2016年，央行降低了6次准备金率。非上市公司的公司债发行起始于2015年证监会颁布《管理办法》之后，2015～2016年宽松的货币政策导致公司债的发行利率一直处于下行趋势，因此，使集中于2015年和2016年非上市公司发行的公司债票面利率更低。

**表 3－8　是否上市、不同债项评级对应的公司债发行利率情况**

| | 非上市公司 | | 上市公司 | |
|---|---|---|---|---|
| 债券评级 | 发行利率均值 | 数量 | 发行利率均值 | 数量 |
| AA－ | 7.9 | 3 | 8.11 | 14 |
| AA | 5.78 | 302 | 6.05 | 370 |
| AA＋ | 4.27 | 233 | 5.35 | 239 |
| AAA | 3.53 | 246 | 4.36 | 301 |
| 合计 | 4.63 | 784 | 5.35 | 924 |

表 3－9 显示的是 5 年期公司债券在不同年份中发行利率的走势。从表 3－9 来看，2015 年和 2016 年 5 年期各级别公司债的发行利率均有所下降，且下降趋势非常显著。2015 年公司债的 AA 级的发行利率为 5.6%、AA＋级的发行利率为 4.68%、AAA 级的发行利率为 3.98%、相较于上一年的发行利率分别下降 1.56BP、1.22BP、2.17BP，2016 年公司债的 AA、AA＋、AAA 级别的平均发行利率分别为 5.54%、4.18%、3.31%，相较于 2015 年分别下降 0.06BP、0.5BP、0.67BP。

**表 3－9　5 年期公司债发行利率走势**

| 年份 | AA | AA＋ | AAA |
|---|---|---|---|
| 2007 | | | 5.67 |
| 2008 | 8.2 | 6.98 | 5.5 |
| 2009 | 7.02 | 6.1 | 5.18 |
| 2010 | 5.5 | 5.37 | 4.69 |
| 2011 | 6.73 | 6.09 | 5.32 |
| 2012 | 6.65 | 5.8 | 4.82 |
| 2013 | 5.9 | 5.47 | 4.98 |
| 2014 | 7.16 | 5.9 | 6.15 |
| 2015 | 5.6 | 4.68 | 3.98 |
| 2016 | 5.54 | 4.18 | 3.31 |

## 3.3 公司债券限制性条款

### 3.3.1 公司债券限制性条款设计

债券的契约条款中不仅包括价格、期限、金额、是否担保等条款，还包括对债券发行人未来行为进行限定的限制性条款。限制性条款是债券契约的重要内容，其主要作用是限制经理人员的行为或要求其按照一定原则、目的行事，以保护债券投资者的合法、正当权益。债券投资者通过限制性条款，对发债企业提出一些约束条件，如限制企业股利支付、举借新债和对外投资等行为。此外，限制性条款还可能要求借款企业维持特定的营运资本、资产负债率、净资产总值等财务指标，以避免企业陷入财务困境，损害债券投资者利益。契约条款的合理设计能够提升债权人权利，连接债权人与借款人之间的利益，有效缓解公司内外部的代理冲突和信息不对称问题（Smith and Warner，1979；Wang，2017）。基于此，合理的限制性条款设计可视为对债券投资者的保护，而不同的条款数量和条款内容可视为对债券投资者保护程度的差异。

3.3.1.1 美国债券市场的限制性条款

本书对先前西方关于限制性条款代表文献的内容界定总结，如表 3 – 10 所示。

**表 3 – 10 限制性条款内容界定**

| 代表性学者 | 度量方法 |
|---|---|
| Nash 等（2003） | ①限制股利支付及融资类条款，包括股利支付限制；追加债务限制；反面承诺担保；出售/售后回租限制；②限制重组类条款，包括并购限制；毒性卖权；资产出售限制 |
| Smith 和 Warner（1979） | ①限制生产/投资类条款，包括投资限制；资产处置限制；担保债券；并购限制；资产维持条款；间接限制生产/投资类条款；②限制股利支付条款；③限制再融资条款，包括限制优先债务融资；租赁/售后回租限制；④修改债权人偿付方式类条款，包括设置偿债基金；可转换债券条款；可回售债券条款；⑤具化公司活动条款，包括报告披露要求；会计技术处理要求；管理层对条款执行情况的追踪报告；购买债券保险 |

续表

| 代表性学者 | 度量方法 |
| --- | --- |
| Billett 等（2007） | ①限制支付类条款，包括支付红利限制；股票回购限制；②限制融资类条款，包括限制发行主体或子公司发行负债；限制发行主体发行次级债务；限制发行主体发行优先支付的债务；限制发行主体对外进行担保；在会计科目中对负债科目的限制；限制发行主体进行售后回租；限制发债主体增发普通股或优先股；③事件驱动类条款，包括当发行主体的信用评级或净资本低于某一设定值时触发的条款；交叉违约；毒性卖权；④限制投资类条款，包括限制发行主体资产出售；限制发行主体投资金融性产品；限制发行主体进行兼并收购 |
| Chava 等（2010） | ①限制投资类条款，包括间接投资限制；并购限制；担保限制；股票销售限制；直接投资限制；②限制股利支付类条款：③限制再融资类条款，包括次级债务发行限制；售后回租限制；优先债务发行限制；股票发行限制；④限制事件类条款，包括违约相关类事件条款；控制权变更毒丸卖权 |
| Nikolaev（2010） | ①限制支付类条款，包括限制发行主体的股利支付、资金转移或支付给第三方；②限制投资类条款，包括限制发行主体的投资活动、并购活动、资产转移和资产售后回租等行为；③限制融资类条款，包括限制发行主体发行优先支付债务、次级债务、担保债务和增发普通股或优先股等；④会计指数类条款，包括规定发行主体需维持的净资金、资产负债率等会计指数指标；⑤其他条款，包括限制发行主体关联交易、控制权变更、交叉违约等条款 |
| Bradley 和 Roberts（2015） | ①提前支付类条款；②财务类条款；③红利限制性条款；④担保条款 |

参考以往研究文献，我们发现美国债券市场限制性条款通常分为投资类、再融资类、支付类、事件驱动类限制性条款。

（1）投资类限制性条款主要包括了限制债券发行公司进行并购活动、资产售后回租、担保、出售资产等活动。由于债券投资者仅享有公司盈利时的固定收益，但需承担公司亏损时的部分损失，与股东不同的投资风险偏好使其与股东之间存在着严重的代理冲突和信息不对称问题。此时，公司控制人倾向于进行高风险投资，进而损害债券投资者利益。为保护投资者不会在购买债券后承担更高风险，债券募集说明书中会列入关于限制债券发行公司进行风险投资的限制性条款。例如，并购活动通常被认为是高风险的投资项目，并购期间，并购方倾向于使用杠杆收购，利用杠杆收购会增加公司的破产风险，同时改变债券投资者对公司价值索取权的优先顺序，进而减少债券价值（Cremers et al.，2007）。因此，限制性条款中往往会对债券发行人的并购行为进行限制。

（2）再融资类限制性条款主要包括限制债券发行主体及其子公司发行优先支付的任何债务；限制发行主体对外进行担保；限制发行主体进行售后回租行为；限制发行主体增发普通股或优先股等。公司股东倾向于在债券发行后再发行偿债等级更高的负债，进而稀释现有债券投资者对公司现有资产的索取权，损害债券投资者利益（Smith and Warner，1979）。因此，为降低公司发行偿债等级更高的融资工具对债券投资者的侵害，债券契约条款中通常会列入限制债券发行人再融资行为的契约条款。

（3）支付类限制性条款主要包括限制现金股利发放及股票回购等条款。若债券发行公司将本应用于外部投资的资金进行股利发放后，公司资产在到期日的预期价值会降低，进而降低债券的价值。因此，债券契约条款中会设计限制现金红利发放的条款，同时，契约条款不仅只考虑红利发放这一种将现金分配给股东的方式，契约条款还限制了其他向股东分配现金的方式，例如股票回购等。实际上，限制现金红利类条款的目的并非降低股东的现金红利，而是防止公司将发行债券融集的资金或出售现有资产获取的资金发放给股东，将外部融资或出售资产获取的资金用于股利发放明显会降低债券价格，进而损害债券投资者的利益。

（4）事件驱动类限制性条款主要包括交叉违约、毒丸卖权等条款。事件驱动类限制性条款是指公司经历某一事件而触发的条款，如公司信用降低、公司净值已触底线、公司控制权发生变更等事件。这些事件均会对公司未来经营业绩造成较大的影响，进而损害债券投资者利益，债券契约通常会将事件驱动类条款列入其中。

3.3.1.2 中国公司债市场的限制性条款

2007年证监会颁布的《试点办法》要求上市公司在发行债券的募集说明书中披露发行人所制定的具体偿债计划及保障措施，其中对设置专项偿债账户、披露违约或预期违约时的解决措施、可能影响债券持有人利益的承诺事项、债券持有人会议、债券受托管理人等条款的设立具有明确指示。2015年，证监会在其颁布的《管理办法》中对内外部增信机制、偿债保障措施的条款设立做出进一步指导，包括使用第三方担保、商业保险、资产抵押、质押担保、限制发行人债务及对外担保规模、限制发行人对外投资规模、限制发行人向第三方出售或抵押主要资产、设置债券回售等条款提高公司偿债能力，控制公司债券风险。

通过阅读2007~2016年公司债募集说明书，发现中国公司债市场中主要包括以下十三条限制性条款：第一条，资产出售限制，是指除正常经营活动外，发行人不可出售其资产。第二至五条，当公司出现预计不能按期偿付本期债券本息或者在本期债券到期时未能按期偿付债券本息时，至少采取以下措施，主要包括：暂缓对外重大投资、收购兼并等资本性支出项目；不向股东分配利润；调减或停发董事和高级管理人员的工资和奖金；主要负责人不得调离。第六条，抵押/质押担保限制，是指除正常经营活动需要外，发行人不得在其任何资产、财产或股份上设定抵押/质押担保权利。第七条，逾期罚息，是指债券发行公司对逾期未付的利息金额做出详细的违约罚金说明。第八条，加速清偿，是指如果债券发行人发生违约事件时，债券持有人有权要求债券发行人立即支付所有未偿还的本金和利息。第九条，制定债券持有人会议规则，是指按照相关要求制定债券的《债券持有人会议规则》。第十条，聘请受托管理人，是指债券发行公司按照相关规定聘请债券受托管理人，由受托管理人代表债券持有人对公司的相关情况进行监督。第十一条，设立专项偿债账户，是指债券发行公司为保证偿债资金的专款专用设立账户。第十二条，可回售，是指债券投资者有权将全部或部分公司债券提前回售给债券发行公司。第十三条，利率可调整，是指债券发行人有权在本期债券存续期的某一期末上调本期债券的票面利率。本书根据Billett等（2007）、Chava等（2010）对债务契约中限制性条款的分类，并结合中国债券契约的特点，将债券契约中的限制性条款分为六大类，具体分类及说明如表3－11所示。[①]

**表3－11 公司债限制性条款的分类和描述**

| 条款类型 | 条款内容 |
|---|---|
| 投资类条款 | 资产出售限制 |
| | 暂缓对外重大投资、收购兼并等资本性支出项目 |

① 部分债券募集说明书中包含关联交易限制这一条款，但该条款内容只要求债券发行人需严格依法履行有关关联交易的审议和信息披露程序，并未对公司侵害债券投资者的关联交易行为进行限制，约束力度有限，本书在研究中对关联交易限制条款不予考虑。

续表

| 条款类型 | 条款内容 |
|---|---|
| 支付类条款 | 不向股东分配利润<br>调减或停发董事和高级管理人员的工资和奖金 |
| 再融资类条款 | 抵押/质押限制 |
| 事件类条款 | 逾期罚息<br>加速清偿 |
| 期权类条款 | 可回售<br>利率可调整 |
| 偿付安排类条款 | 制定债券持有人会议规则<br>聘请受托管理人<br>设立专项偿债账户<br>主要负责人不得调离 |

3.3.1.3 中国公司债市场限制性条款使用情况评价

（1）部分条款实施条件模糊不清。不同于美国企业的限制性条款要求发债主体在债券的存续期间限制公司的红利支付、对外投资、收购兼并等行为，我国债券发行主体在募集说明书中表明仅当债券发行人预期不能按时还款付息或到期未能支付本息时，才采取某些限制公司投资或支付类活动的措施。根据我国上市公司公司债募集说明书中的描述，几乎所有募集说明书都会使用当公司预计或实际发生违约时，公司将采取暂缓公司资本性支出、不向股东分配利润、调减或停发董监高工资以及主要负责人不得调离这四项条款。然而，对于“预期不能按时偿付债券本息”的内容，募集说明书并未对其进行定义和说明，究竟何为“预期不能按时偿付债券本息”，债券发行人与债券投资者间可能存在不同的理解。为降低股利分配限制、对外投资限制、并购限制等对公司股东利益及未来发展的影响，代表股东利益的董事会可能不倾向使用这些限制性条款。然而，为保护自身利益，债券投资者希望董事会更审慎地评估企业未来对债券的还款付息能力，因此，债券投资者与公司董事会间会因信息不对称产生严重的代理问题。此外，当公司预期不能还本付息时，说明公司的经营或财务状况已出现危机，此时再限制公司的投资与支付类活动对增加公司还款付息能力的帮助已十分微小，公司发

生违约的可能性很大，此类条款对债券投资者的保护作用较弱。此外，募集说明书中涉及的资产出售限制、抵押/质押限制性条款的实施条件都不包括公司的正常经营活动，即使是公司的正常经营活动，公司进行抵押/质押贷款、出售资产都会存在稀释债券投资者所有权以及增加债券投资者面临的风险问题，进而损害债券投资者利益。此外，“正常经营活动”这种说法比较模糊，且可实施性较差。

（2）限制性条款设计较为单一。在美国债券的限制性条款中，每一大类条款所涉及的内容都较为广泛，拥有多样性条款。例如融资类条款包括限制发行主体发行优先支付债券、次级债券、增发普通股或优先股，或限制发行主体对外担保、进行租赁和售后回租等活动。而我国公司债市场中仅投资类条款设计内容较为全面，支付类和再融资类限制性条款的设计十分简单。我国支付类条款包括在预计不能偿付本息的情况下，限制向股东进行利润分配、调减或停发董事和高级管理人员的工资和奖金的措施。但并未考虑限制公司进行现金支付的其他形式，例如股票回购。对其他现金支付路径的忽视，很可能较难实现降低债券发行人现金发放的目标。同时，我国的再融资类条款仅涉及除正常经营活动外，发行人对资产、财产或股份上设定抵押/质押权利的限制，而忽略了债券发行人发行其他偿债等级更高的债券或股票对债券投资者索取权稀释的可能性。此外，截至2016年底，我国上市公司募集说明书中均不包含交叉违约条款、财务指标承诺条款及控制权变更条款。然而，这三类条款对保护债券投资者的利益十分重要。例如，控制权变更事件会增加公司的负债水平，进而加剧公司的财务风险（Kim and McConnel，1977；Warga and Welch，1993）。同时，控制权变更通常伴随着公司高管变更。高管变更所导致的公司投资与财务决策的改变同样会对外资债券投资者产生负面影响。控制权变更事件会增加公司未来债券违约的可能性，进而损害债券投资者利益，因此债券发行人应将控制权变更相关的事件条款纳入债券发行契约中。2016年9月8日中国银行间市场交易商协会公布的《投资人保护条款范例》（以下简称《范例》）对投资者保护条款做出范例文本。该《范例》提出了“交叉保护条款”“事先约束条款”和“控制权变更条款”，同时，其分别就三大类保护条款的触发情形、处置程序进行阐述，鼓励债券发行人提升有关债券投资者保护条款的使用情况，降低债券投资者损失，增强投资者的投资信心。

### 3.3.2 公司债券限制性条款的使用频率和相关性统计

中国公司债市场成立于 2007 年，随着 2007 年第一只公司债券“长电债”的成功发行，公司债券市场开始蓬勃发展，截至 2016 年底，我国上市公司共发行 924 只一般公司债，其中深沪交易所 A 股上市公司共发行 843 只一般公司债。表 3－12 列示了 843 只一般公司债券限制性条款的使用频率。

表 3－12 公司债限制性条款的使用频率　　单位：%

| 条款内容 | 总样本 | 2007～2014 年 | 2015～2016 年 |
| --- | --- | --- | --- |
| 投资类条款 | | | |
| 资产出售限制 | 26.57 | 34.24 | 16.48 |
| 暂缓对外重大投资、收购兼并等资本性支出项目 | 96.09 | 100 | 90.93 |
| 支付类条款 | | | |
| 不向股东分配利润 | 96.56 | 99.58 | 92.58 |
| 调减或停发董事和高级管理人员的工资和奖金 | 95.97 | 99.37 | 91.48 |
| 再融资类条款 | | | |
| 抵押/质押限制 | 23.49 | 27.35 | 18.41 |
| 事件类条款 | | | |
| 逾期罚息 | 69.28 | 74.53 | 62.36 |
| 加速清偿 | 67.14 | 58.46 | 78.57 |
| 期权类条款 | | | |
| 可回售 | 65.01 | 60.33 | 71.15 |
| 利率可调整 | 64.53 | 58.87 | 71.98 |
| 偿付安排类条款 | | | |
| 制定债券持有人会议规则 | 99.64 | 100.00 | 99.18 |
| 聘请受托管理人 | 99.41 | 100.00 | 98.63 |
| 设立专项偿债账户 | 25.5 | 14.82 | 39.56 |
| 主要负责人不得调离 | 96.32 | 99.37 | 92.31 |

由表 3－12 可见，在 2007～2016 年我国 A 股上市公司发行的 843 只一般公

司债中，几乎所有的债券都包含了暂缓资本性支出项目、不向股东分配利润、调减或停发董事和高级管理人员的工资和奖金、制定债券持有人会议规则、聘请受托管理人、主要负责人不得调离六项条款，每项条款的使用频率均在95%以上。在其他条款的使用频率上，26.57%的A股债券发行公司发行的公司债募集说明书中禁止公司自身在除正常经营活动外的情况下出售其资产；23.49%的A股债券发行公司发行的公司债募集说明书中禁止公司自身在除正常经营活动外的情况下对其资产、财产或股份设定抵押/质押担保权利；69.28%的A股债券发行公司发行的公司债募集说明书中明确规定了当公司不能按时支付利息或本金时对违约金支付的规定；67.14%的A股债券发行公司发行的公司债在募集说明书中对加速清偿的措施进行明确规定；65.01%的A股债券发行公司发行的公司债募集说明书中允许债券持有人有权提前将其持有的全部或部分本期债券回售给发行人；64.53%的A股债券发行公司发行公司债在募集说明书中指出可能在债券存续期的某一期末上调债券的票面利率；25.5%的A股债券发行公司发行的公司债募集说明书中承诺设立专项偿债账户，该账户用于支付债券的利息和本金。值得注意的是，资产出售限制与抵押/质押限制这两类限制债券发行公司投融资的限制性条款使用频率较低，说明我国上市公司管理者为了保持未来投融资活动的灵活性，在发行公司债券时不愿意纳入限制公司未来投融资活动的条款。同时，在2015年1月证监会推出了全新的《公司债券发行与交易管理办法》以后，A股上市公司使用资产出售限制与抵押/质押限制这两类限制性条款的频率降低。

从表3-13可见，暂缓对外重大投资和收购兼并等资本性支出项目、不向股东分配利润、调减或停发董事和高级管理人员的工资和奖金、主要负责人不得调离这四个条款的相关性较高，因为这四个条款一般同时出现，并且基本被每一个公司债所收录。制定债券持有人会议规则与聘请受托管理人的相关性很高，因为几乎所有公司债券的募集说明书中都包含了这两项条款。资产出售限制与抵押/质押限制的相关系数高达0.775，说明债券发行公司通常同时使用资产出售限制条款和抵押/质押限制条款抑制公司内部人的自利行为。可回售与利率可调整的相关系数高达0.958，表明债券发行公司通常匹配使用利率可调整与可回售条款。

表 3－13　公司债限制性条款的相关性统计

| | 1 | 2 | 3 | 4 | 5 | 6 | 7 | 8 | 9 | 10 | 11 | 12 | 13 |
|---|---|---|---|---|---|---|---|---|---|---|---|---|---|
| 1 | 1.000 | | | | | | | | | | | | |
| 2 | 0.094 | 1.000 | | | | | | | | | | | |
| 3 | 0.040 | 0.801 | 1.000 | | | | | | | | | | |
| 4 | 0.069 | 0.674 | 0.788 | 1.000 | | | | | | | | | |
| 5 | 0.775 | 0.069 | 0.012 | 0.042 | 1.000 | | | | | | | | |
| 6 | 0.092 | 0.064 | 0.058 | 0.099 | 0.041 | 1.000 | | | | | | | |
| 7 | 0.312 | 0.002 | 0.007 | 0.049 | 0.280 | 0.092 | 1.000 | | | | | | |
| 8 | －0.077 | 0.108 | 0.066 | 0.090 | －0.080 | 0.099 | 0.159 | 1.000 | | | | | |
| 9 | －0.076 | 0.042 | 0.064 | 0.075 | －0.081 | 0.097 | 0.183 | 0.958 | 1.000 | | | | |
| 10 | 0.036 | 0.296 | 0.317 | 0.292 | 0.033 | 0.090 | 0.085 | －0.002 | －0.003 | 1.000 | | | |
| 11 | 0.047 | 0.223 | 0.234 | 0.220 | 0.0438 | 0.116 | 0.045 | －0.024 | －0.025 | 0.774 | 1.000 | | |
| 12 | －0.056 | －0.177 | －0.158 | －0.198 | －0.029 | 0.030 | 0.027 | －0.016 | 0.001 | 0.035 | 0.045 | 1.000 | |
| 13 | 0.046 | 0.676 | 0.793 | 0.889 | 0.019 | 0.061 | 0.024 | 0.108 | 0.092 | 0.306 | 0.231 | －0.160 | 1.000 |

注：1～13 分别表示 13 条限制性条款，其中 1 表示资产出售限制；2 表示暂缓对外重大投资、收购兼并等资本性支出项目；3 表示不向股东分配利润；4 表示调减或停发董事和高级管理人员的工资和奖金；5 表示抵押/质押限制；6 表示逾期罚息；7 表示加速清偿；8 表示可回售；9 表示利率可调整；10 表示制定债券持有人会议规则；11 表示聘请受托管理人；12 表示设立专项偿债账户；13 表示主要负责人不得调离。

## 3.4　中国公司债券市场评价

本章对中国公司债券市场的发展历程、公司债市场的发展现状以及我国债券契约条款的设计进行详细讨论，有助于进一步全面理解中国公司债市场的发展现状以及债券契约条款间关系的问题。

首先，本章指出了公司债券自 2007 年成立至今的规模发展程度及其原因。公司债市场自 2007 年正式建立以来，已存在 10 余年，债券规模已从 2007 年发行的 5 只公司债券扩大至 2016 年共发行的 877 只一般公司债。公司债券的快速扩张已使其成为中国企业的主要融资渠道，尤其是 2015 年 1 月证监会推出全新的《管理办法》，将债券发行主体由深沪证券交易所上市的公司及发行境外上市外资股的境内股份有限公司，扩大至所有公司制法人，这一修改使公司债券发行规模呈井喷式增长。

其次，本章介绍了公司债市场现状，其中包括公司债发行特征以及公司债发行利率分析。我国公司债发行期限占比最多的为 5 年期公司债券，占总发行个数比重接近 64%。同时，债券发行主体评级多为 AA 级以上级别，发行规模占总规模比重为 97.7%，表明我国公司债券主体评级的区分度较差。同时，债券评级在 AA 级以上的发行数量占总数量的比重为 99%，说明我国整体公司债券的评级仍存在普遍较高，不能如实反映公司违约风险的问题。在公司债发行利率方面，发行利率随着债券发行主体及债项评级的提升而降低，说明我国优质级别的公司债发行利率较低，债券定价合理。另外，由于我国 2015～2016 年实施宽松的货币政策，导致公司债的发行利率较前几年来说普遍偏低。

最后，本章就我国公司债券限制性条款的设计以及限制性条款的使用频率和相关性进行分析。限制性条款是债券契约的重要内容，根据美国成熟债券市场中对限制性条款的设计，并结合中国债券契约的特点，本书定义了十三条中国债券市场的限制性条款，并将中国债券契约中的限制性条款分为六大类。通过与美国债券市场限制性条款的设计对比，本书发现我国公司债的限制性条款存在部分条款实施条件模糊不清、限制性条款设计较为单一等问题。此外，我国公司债券的募集说明书中几乎全部包含了暂缓资本性支出项目、不向股东分配利润、调减或停发董事和高级管理人员工资和奖金、制定债券持有人会议规则、聘请受托管理人、主要负责人不得调离六项条款，每项条款的使用频率均在 95% 以上。对于剩余的七项条款，其中资产出售限制与抵押/质押限制的相关系数较高，可回售条款和利率可调整条款的相关系数较高。

# 第4章　终极所有权结构对债券契约条款的影响

终极控制股东与外部投资者之间的代理冲突是全球大多数国家公司的主要代理问题（Johnson et al.，2000；Claessens et al.，2000；Claessens et al.，2002）。终极控制股东控制权和现金流量权的分离使其具有强烈动机运用手中权力攫取私有收益，并通过会计信息操纵，导致严重的信息不对称问题，损害外部投资者利益。以往文献研究了终极所有权结构对公司价值（Claessens et al.，2002；Lemmon and Lins，2003；Lozano et al.，2016）、融资成本（Boubakri and Ghouma，2010；Lin et al.，2011）、期限结构（Ben－Nasr et al.，2015）等的影响，对于探讨终极所有权结构对债券的影响，仅 Boubakri 和 Ghouma（2010）中运用国际数据研究了终极所有权结构对债券融资成本，即债券发行利差和债券信用评级的影响，但文章中所涉猎的国家并不包含中国，同时，仍余有关键问题没有得到解决。比如，中国公司债券市场始于2007年，且建立时间较短，相对于欧洲或日本、韩国等发达国家，中国债券市场的投资者能否认清终极控制股东与自身的代理冲突和信息不对称问题，并将其反映至债券发行契约条款中，这一点仍需实证检验；终极所有权结构不仅对债券融资成本产生影响，对于债券发行的非价格条款，即债券发行期限和限制性条款强度，终极所有权结构是否同样会产生显著影响。

参考以往文献（Boubakri and Ghouma，2010；肖作平和廖理，2012），本章从终极控制股东的现金流量权、控制权与现金流量权的分离度以及终极控制股东性质三个方面来度量终极所有权结构。本章首先分析终极控制股东现金流量权、两权分离度与终极控制股东性质与公司债券契约条款关系的理论基础，并提出相应假设。随后，本章对研究变量的定义、样本选择和实证模型等进行说明，同时详细探讨了终极所有权结构对债券契约条款影响的单变量检验结果、多元回归结果及内生性问题。此外，本章还运用多种方法对结果进行稳健性检验。最后进行本章小结。

## 4.1　理论分析与研究假设

### 4.1.1　终极控制股东现金流量权对债券契约条款的影响

现金流量权是指按持股比例拥有公司的财产分红权，它能增加终极控制股东追求公司价值最大化的动机。Jensen 和 Meckling（1976）发现，当股东持有现金流量权较少时，他们更有动机通过投资高风险高回报的项目损害债权人利益。公司内部人可以凭借手中的控制权掏空公司资源获取私有收益，却将失败破产的成本转嫁给债权人，因此，以较少所有权获取公司绝对控制权的终极控制人倾向于利用手中权力获取私有收益。La Porta 等（2002）、Claessens 等（2002）证实了现金流量权对终极控制股东的激励作用，较高的现金流量权会使终极控制股东与公司整体利益更趋一致，此时的公司价值更大。Anderson 等（2003）发现当公司频繁地进行债务融资时，控制股东的现金流量权会削弱他们"隧道"行为的动机，此时控制股东与外部债权人之间的代理冲突得到有效缓解。债券投资者也将现金流量权视为一种利益保护机制，从而降低对债券风险补偿率的要求。Malan 等（2013）发现，控制股东现金流量权的增加可以有效提升金字塔结构公司中盈余信息的价值。Boubaker 等（2014）指出，持有较高现金流量权的控制股东倾向于披露更多、更精确的公司信息，降低控制股东与外部投资者间的信息不对称问题。Lozano 等（2016）认为，当现金流量权较高时，控制股东进行"隧道"行为造成的损失会大于其产生的私有收益，此时降低其实施掏空的可能性。先前的经验研究指出，终极控制股东的现金流量权越高，控制股东与公司利益越一致，实现公司价值最大化的意愿越强烈，此时控制股东为获取私有利益而进行"隧道"行为的动机越低。因此，当终极控制股东的现金流量权越高时，控制股东与债券投资者之间的代理冲突越低，意味着公司债券的信用风险越低，债券投资者会要求宽松的债券契约条款。

据此，本书提出研究假设 H1：终极控制股东的现金流量权越高，公司债券契约条款越宽松，即债券发行利差越低，发行期限越长，限制性条款强度越低。

### 4.1.2 控制权和现金流量权的分离度对债券契约条款的影响

与英国、美国相比，中国上市公司的股权结构是高度集中的，且大多数公司被单一股东控制（肖作平，2010）。高度集中的股权结构能够解决股东“搭便车”问题从而缓解其与管理者之间的代理冲突，但当所有权集中到一定程度时，集中股权会提升控制股东采取“隧道”行为的动机（Shleifer and Vishny，1997；1986）。中国上市公司的控制股东通常通过金字塔结构获取公司的绝对控制权，处于金字塔高层的公司以较低的所有权控制金字塔低层公司，从而产生因两权分离导致的代理问题。终极控制股东的控制权与现金流量权的分离是加剧内部人与外部投资者之间代理冲突的一个主要因素，且代理冲突随着两权分离度的增加而随之增加。当控制权超过现金流量权时，较高的控制权赋予控制股东获取私有收益的能力，而较低的现金流量权减少了控制股东因掠夺行为造成公司损失所承担的份额（Johnson et al.，2000）。因此，控制权与所有权分离度越大，终极控制股东实行掠夺行为的动机越强。Yoshikawa 等（2014）指出，为获取对公司的绝对控制权，控制股东倾向于聘请具有关联关系的人为公司管理者。控制权和现金流量权的差异越大，控制股东采取“隧道”行为的动机越强，为了掩盖公司真实的经营业绩，终极控制股东倾向于利用与其经济利益一致的管理者操控会计信息，进而加剧公司内外部信息不对称问题（Bao and Lewellyn，2017）。Boubaker 等（2014）研究发现，控制权和现金流量权的差异越大，终极控制股东越有可能通过滞后披露或披露不真实、无关信息降低公司信息环境，隐藏机会主义行为。先前的经验研究表明，终极控制股东分离度越大，终极控制股东的掠夺动机越强，因为有效的控制权使他们有能力通过“隧道”行为获取私有收益且只承担小部分成本。同时，为避免外部监督和名誉损失，终极控制股东可能通过操纵会计盈余掩盖“隧道”行为。因此，两权分离所导致的信息不对称和代理问题会增加债券投资者面临的债券违约风险，为保护自身利益，其会要求更加严格的债券契约条款。

终极控制股东与外部投资者之间存在着严重的代理冲突和信息不对称问题，当外部投资者为债权人时，这些问题更加严峻（Shleifer and Vishny，1997）。银行等私有债务债权人相对于债券投资者这一公共债务债权人而言，可获取更多的私有信息，拥有更强的信息处理能力，从而有效减少逆向选择问题（Bharath et al.，2008）。银行可以利用其专业的知识和资源，通过谨慎调查获取贷款公司的内部信息，并且可以通过与公司签订贷款用途来监管未来贷款去向，避免公司投资高风险项目提高银行风险（付雷鸣等，2010）。同时，由于对私有债务市场与公共债务市场披露信息的成本不同，公司更倾向于向银行等私有债务债权人透露私有信息，而不愿意向公共债务债权人透露信息，因为向公共债务市场披露信息往往存在较高成本（Dhaliwal et al.，2011）。因此，银行在向借款企业贷款时不仅考虑公共信息，更会受私有信息的影响，而处于公共市场的债券投资者可能更加关注债券发行公司的公共信息。《年度报告的内容与格式》要求在“第二节公司基本情况”中以方框图形式披露公司与实际控制人之间的产权及控制关系。《公开发行公司债券募集说明书》要求在“第六节发行人基本情况”披露实际控制人的实际情况，并披露到最终的国有控股主体或自然人为止。债券投资者在获取公司信息方面处于劣势，由于没有私有信息渠道，债券投资者可能更加关注债券发行公司披露的年报、募集说明书等公共信息。同时，2014年3月11日ST超日违约事件的发生，动摇了投资者“刚性兑付”的信念（王占浩等，2015），此时的债券投资者可能更加关注控制权与现金流量权分离度导致的信息不对称和代理问题，进而要求更高的风险溢价。

据此，本书提出研究假设H2：终极控制股东的两权分离度越大，公司债券契约条款越严格，即债券发行利差越高，发行期限越短，限制性条款强度越高。

### 4.1.3 终极控制股东类型对债券契约条款的影响

按照终极控制股东类型的划分（如国家或家族控制），中国上市公司可分为国有企业和家族企业两大类。相比国有企业，家族企业与外部投资者之间的代理冲突和信息不对称问题更加严峻。在家族企业中，家族人员身处企业董事、高管等要位，其间的连带关系使内部人很容易通过“隧道”行为获取私有收益，比如，家族企业控制人往往会使用手中的投票权任命亲戚作为管理者并以此来掠夺外部投资者利益（Faccio et al.，2001）；家族企业控制人通常会直接侵占公司资金用于个人用途而损害外部投资者利益。家族企业控制人的自利行为会增加公司的债务违约风险，此时，家族企业的债券融资成本更高且债券信用评级水平更低。Boubakri 和 Ghouma（2010）研究发现，债券投资者和评级机构能够意识到家族企业攫取私人收益的潜在风险，从而要求更高的债券信用利差以及给出更低的债券信用评级。Liu 等（2015）认为，家族企业中的成员通常在管理和董事会中占据重要席位，这会促使家族成员拥有绝对控制权，从而导致公司缺乏有效监管，并且产生严重的掠夺风险。相反，作为国有资本代表的政府官员，与一般企业的自然人有着本质区别，其不能直接享有"隧道"行为产生的私有收益（Jiang 和 Kim，2015）。国有政府官员直接或间接地控制着国有企业的经营管理权，但其收入的主要来源是经营企业所获取的薪酬和福利，而不享有国有企业资产的剩余所有权，这种所有权与控制权的分离使政府官员将主要目标从国有企业经济利益最大化，转移至追求政绩，力求个人政治利益最大化（肖作平和廖理，2012；尹林辉，2015）。因此，在国有企业中，即使政府官员可利用手中权力实现"隧道"行为掠夺外部投资者利益，但由于法律约束，政府官员很难以合法的手段获取这部分收益。Jiang 等（2010）和 Jiang 等（2015）研究发现，中国上市公司的控制股东通常会通过集团内部贷款、非经营性资金侵占等方式进行"隧道"行为，但这些行为在国有企业中并不存在。

此外，长期以来，中国的国有经济在国民经济中占据着主导地位。政府控制的国有企业通常承担着大量的战略性政策负担，比如提供公共资源、稳定就业等，当国有企业发生亏损或营运困难时，政府往往不会选择让其破产而是持续提供财政补贴和信贷支持。国有企业不仅肩负着艰巨的政治目标与社会目标，同时也代表着政府的门面，当国有企业陷入财务困境或产生破产危险时，政府信用会随之降低，投资者信心遭到打击，不利于维持资本市场稳定。因此，政府背景为国有企业提供隐性担保（Chen et al.，2010；Song et al.，2011；Boubakri et al.，2012），一旦国有企业因经营不善等原因导致债券发生违约时，政府会帮助国有企业弥补债券投资者的损失（张广宝等，2013）。赵晓琴和万迪昉（2011）认为，债券市场的投资者更倾向于投资国有企业发行的债券，政府的无形支持会降低国有债券的违约风险，此时债券投资者的投资信心更足，债券的融资成本更低。Borisova 等（2015）研究发现，政府所有权可视为国有企业的隐性担保，在经济危机时期，政府隐性担保作用增大，高度的政府信用可以降低债券投资者对

公司违约风险的担忧。同时，目前我国金融体系仍以国有银行为主导，与国有银行拥有相同控制股东的国有企业更容易获取更多长期低成本的银行贷款，从而形成国有企业的“预算软约束”（Brandt and Li，2003；Cull and Xu，2003；Song et al.，2011；Shailer and Wang，2015）。先前的经验研究表明，当债券发行公司为国有企业时，政府的隐性担保有助于提高国有企业债券信用质量、降低债券违约风险，因此，债券投资者会放宽对国有企业债券契约条款的要求。

据此，本书提出研究假设 H3：当终极控制股东类型为国有企业时，债券契约条款的宽松性程度较高，即债券发行利差较低，发行期限较长，限制性条款强度较低。

## 4.2　实证研究设计

### 4.2.1　研究变量的定义

#### 4.2.1.1　被解释变量

本书的被解释变量是公司债券契约条款，公司债券契约条款包括公司债券发行利差、公司债券发行期限、公司债券限制性条款强度。对于债券发行利差变量，本书从万德（WIND）数据库中下载公司债券发行时票面利率与中债到期收益率，借鉴 Boubakri 和 Ghouma（2010）、Gong 等（2018）的方法，使用债券发行票面利率减去同期可比国债收益率之间的百分点差额度量债券发行利差。对于债券发行期限变量，借鉴 Bradley 和 Roberts（2015）的方法，使用公司债券发行期限（以月为单位）的自然对数度量。对于债券限制性条款强度，借鉴 Nikolaev（2010）、Qi 等（2011）、Bradley 和 Roberts（2015）的方法，使用限制性条款个数的加总对限制性条款的使用强度进行度量。此外，本书根据 Billett 等（2007）、Chava 等（2010）对债务契约中限制性条款的分类，并结合中国债务契约的特点，将债务契约中的限制性条款分为六大类。具体分类及说明见表 3－11。由于“暂缓对外重大投资、收购兼并等资本性支出项目”“不向股东分配利润”“调减或停发董事和高级管理人员的工资和奖金”“制定债券持有人会议规则”“聘请受托管理人”“主要负责人不得调离”六种契约条款，被公司债券使用的频率在95%以上，意味着这六种条款对于不同的债券在横截面上没有差异，因此本书参考史永东和田渊博（2016）、史永东等（2017）的做法，在度量限制性条款强度时不考虑这六种条款。

对被解释变量定义的总结如表4－1所示。

表4－1　被解释变量的定义

| 变量类型 | 变量名称 | 变量符号 | 变量定义 |
|---|---|---|---|
| 被解释变量 | 债券发行利率 | *Spreads* | 公司债券发行利率减去同期可比国债收益率之间的百分点差额 |
| | 债券发行期限 | *Maturity* | 公司债券发行期限（以月为单位）的自然对数 |
| | 限制性条款强度 | *Covenants* | 公司债券契约中限制性条款个数总和 |

4.2.1.2　解释变量

本书的解释变量是终极所有权结构。终极所有权结构包括现金流量权、控制权和现金流量权的分离度、终极控制股东类型共三个代理变量。参考以往文献（Claessens et al.，2000；2002；Faccio and Lang，2002；Laeven and Levine，2008），本书以控制链条上的最低持股比例之和来度量控制权；通过以各控制链条上的持股比例乘积之和来度量现金流量权；通过计算控制权与现金流量权的比值来度量控制权和现金流量权之间的分离度；本书将终极控制股东的类型分为国有企业和非国有企业两大类，当终极控制股东类型为国有企业时取值为1，否则为0。

对解释变量定义的总结如表4－2所示。

表4－2　解释变量的定义

| 变量名称 | 变量符号 | 变量定义 | 理论预期 | | |
|---|---|---|---|---|---|
| | | | 发行利差 | 发行期限 | 限制性条款强度 |
| 现金流量权 | *CFRights* | 每条控制链条上持股比例乘积之和 | － | + | － |
| 控制权和现金流量权的分离度 | *Separation* | 控制权/现金流量权 | + | － | + |
| 终极控制股东类型 | *State* | 当终极控制股东类型为国有时取值为1，否则为0 | － | + | － |

4.2.1.3　控制变量的定义

根据公司债券的相关文献，本书在回归分析中加入12个控制变量来控制公司的财务特征、公司治理特征和债券特征对公司债券契约的影响。其中包括：

公司规模（*Size*）：公司规模使用公司年末总资产的自然对数度量。规模越小的公司意味着公司的质量较差，信息不对称程度较高，声誉较差。因此，我们预期规模越小的公司其发行的债券契约条款越严格，即债券发行利差越高、发行期限越短、限制性条款强度越大。

资产负债率（*Lev*）：公司的资产负债率使用公司年末总负债与总资产的比值进行度量。公司的资产负债率越高，债券的违约风险越大，债券投资者要求的风险补偿越高。因此，本书预期资产负债率越高的公司其发行的债券契约条款越严格。

公司成长性：参考以往文献，本书使用市账率（*MTB*）和营业收入增长率（*GRW*）度量公司成长性。其中市账比等于公司股票年末总市值与资产账面价值的比值，营业收入增长率等于本年营业收入与上一年营业收入的差值除以上一年营业收入。

Ortiz - Molina（2006）指出，成长性越高的公司越容易面临财务困境，进而提升公司的违约风险，此时，为弥补高成长性产生的违约风险对债券投资者造成的损失，债券投资者要求更高的债券投资回报率。基于此，本书预期较高的成长性会导致债券发行公司设计更为严格的契约条款。

盈利能力（*ROA*）：公司的盈利能力使用期末净收益与期末总资产的比值度量。公司的盈利能力越好代表公司未来债券的违约风险越低，因此，本书预期盈利能力越好的公司其发行债券的契约条款越宽松，即债券发行利率越低、发行期限越长、限制性条款强度越低。

有形资产比率（*Tangible*）：公司的有形资产比率使用期末固定资产与期末总资产的比值度量。公司的有形资产占比代表了公司的还款能力，当公司的有形资产比率较高时，公司的还款能力较强，债券未来的违约风险较低。因此，有形资产比率与公司债券契约条款严格程度负相关。

审计质量（*Big*4）：虚拟变量，当债券发行主体的年报是由国际四大会计师事务所审计时，则取值为1，否则为0。大型会计师事务所享有更高声誉，因此在审计过程中倾向保持更强的审计独立性，进而提供的审计服务质量更高。高质量的审计可以显著提高公司信息环境，缓解公司与外部投资者的信息不对称问题。基于此，本书预期当公司财务报告由四大会计师事务所审计时，其公司债券发行契约条款更为宽松。

二职合一（*Duality*）：虚拟变量，当公司债券发行主体的董事长与总经理为一人时，取值为1，否则为0。Jensen（1993）和Boyd（1994）指出，董事长与总经理的二职合一会降低董事会的独立性和有效性，且会增加CEO的权力。CEO权力过大会增强与外部投资者的代理冲突及信息不对称问题。因此，本书预期当公司董事长与总经理为一人时，公司债券发行契约条款更为严格。

独立董事占比（*IndDirectors*）：公司的独立董事占比用独立董事人数与董事会总人数的比值进行度量。独立董事占比越高说明董事会对公司内部管理的监管职能越强，公司内部治理环境越好，进而会降低债券发行公司设计的债券契约条款的严格程度。

债券发行规模（*Amount*）：公司债券发行规模使用公司债券发行金额的自然对数（以元为单位）进行度量。公司债券发行规模与公司的融资能力、公司质量间存在很强的相关性。规模越大，说明违约可能性越低，在这种情况下，投资者一般不会要求较为严格的契约条款。因此，我们预期公司债券的发行规模越大，公司债券契约条款越宽松。

债券评级（*CreditRating*）：在债券发行时，各专业信用评级机构（如中诚信证券评估有限公司、鹏元资信评估有限公司、联合信用评级有限公司、大公国际资信评估有限公司、上海新世纪资信评估投资服务有限公司、东方金诚国际信用评估有限公司等）会对各个债券发行主体进行评级。到目前为止，我国上市公司发行公司债的主体评级仅包括七类。本书对公司债券主体评级进行赋值，即A、A+=1，AA-、AA、AA+=2，AAA-、AAA=3。数值越高代表债券信用评级越好。信用评级越高代表债券质量越好，违约可能性越低。因此，本书预期公司债券主体信用评级越高时，公司的契约条款越宽松。

债券担保（*Collateral*）：虚拟变量，若债券发行时含有担保，则取值为1，否则为0。有担保的公司债券，违约风险更低，因此会与债券契约条款的严格程度负相关。然而，以往学者（Berger and Udell，1990；Bharath et al.，2011）同

时指出，债券发行人的违约风险与公司提供担保的相关性较高，债券发行人可能为弥补高风险债券而提供担保，基于这一考虑，投资者会对担保债券要求有更严格的契约条款。因此，我们暂不对债券担保与公司债券发行利差、期限与限制性条款强度的回归系数符号进行预期。

同时，本书还通过引入年度和行业虚拟变量以分别控制年度和行业的相关影响。

本书对控制变量定义的总结如表4-3所示。

**表4-3 控制变量的定义**

| 变量类型 | 变量名称 | 变量符号 | 变量定义 |
| --- | --- | --- | --- |
| 公司财务特征 | 公司规模 | *Size* | 公司总资产的自然对数 |
| | 资产负债率 | *LEV* | 总负债/总资产 |
| | 市账率 | *MTB* | 公司股票年末总市值/资产账面价值 |
| | 营业收入增长率 | *GRW* | （本年营业收入-上一年营业收入）/上一年营业收入 |
| | 资产收益率 | *ROA* | 期末净收益/总资产 |
| | 有形资产比率 | *Tangible* | 固定资产/总资产 |
| 公司治理特征 | 审计质量 | *Big4* | 虚拟变量，当公司为四大会计师事务所所审计时，取值为1，否则为0 |
| | 二职合一 | *Duality* | 虚拟变量，当董事长与总经理为一人时，取值为1，否则为0 |
| | 独立董事占比 | *IndDirectors* | 独立董事总数/董事会成员总数 |
| 债券特征 | 债券发行金额 | *Amount* | 公司债券发行金额的自然对数（以元为单位） |
| | 债券信用评级 | *CreditRating* | 发行时发行主体评级，A、A+=1；AA-、AA、AA+=2；AAA-、AAA=3 |
| | 债券是否担保 | *Collateral* | 虚拟变量，当公司债券为担保债券时，取值为1，否则为0 |

## 4.2.2 样本选择和实证模型的设计

### 4.2.2.1 数据来源

公司债券契约中的发行利差、发行期限、发行金额、是否有担保、债券主体评级等数据来自Wind数据库。现有数据库中并不包含限制性条款数据，对于公司限制性条款的获取，我们通过阅读债券发行上市公司公布的《公开发行公司债券募集说明书》，手工收集和整理每只公司债的限制性条款。终极所有权结构数据来自国泰安数据服务中心，对于数据库中终极所有权结构的缺失变量，我们通过阅读上市公司年度资产负债表对其进行补充。公司特征数据同样来自国泰安数据服务中心。

4.2.2.2　样本选择

由于我国《公司债券发行试点办法》于2007年8月正式实施，因此，本书选取从2007年9月1日至2016年12月31日在上海、深圳证券交易所发行的公司债券作为研究样本，并按照如下标准筛选：①由于大多数非上市公司的财务数据披露制度较差，发行公司债券的非上市公司并未全部公开披露财务指标，因此本书剔除非上市公司发行的公司债券；②考虑到金融行业的行业特征、报表结果以及受监管程度均与其他行业存在加大差异，因此本书剔除金融类上市公司发行的公司债券；③剔除相关变量数据不全的公司；④为了降低异常值的影响，将所有连续变量进行上下1%的Winsorize处理。根据上述原则，本章最终得到了805个观察值，时间跨度为2008年至2016年。

根据中国证监会2012年10月26日颁布的《上市公司行业分类指引》，本书对样本中652家上市公司按照行业代码进行分类。由于研究样本中有317家上市公司属于制造业，约占总样本比重的48.6%。为了降低估计偏差，本书在模型的实证分析中控制行业的固定效应时对制造行业按照大类进行细分，总共分为28个制造业小类，其他行业仍按门类进行划分。

4.2.2.3　实证模型的设计

为了检验终极所有权结构如何影响债券发行利差，本书构建OLS回归估计模型如式（4-1）所示：

$$Spreads_{it} = \beta_0 + \beta_1 UOS_{it} + \sum_{j=1}^{12} \beta_{1+j} ControlVAR_{it} + \beta_{14} Maturity_{it} + \beta_{15} Covenants_{it} + Year\ fixed\ effects + Industry\ fixed\ effects + \varepsilon_{it} \tag{4-1}$$

为了检验终极所有权结构如何影响债券发行期限，本书构建OLS回归估计模型如式（4-2）所示：

$$Maturity_{it} = \beta_0 + \beta_1 UOS_{it} + \sum_{j=1}^{12} \beta_{1+j} ControlVAR_{it} + \beta_{14} Spreads_{it} + \beta_{15} Covenants_{it} +$$

$$Year\ fixed\ effects + Industry\ fixed\ effects + \varepsilon_{it} \tag{4-2}$$

由于限制性条款强度变量具有非负整数且独立的数据性质，理论上适合运用计数回归模型。一般而言，计数变量通常使用泊松回归模型进行研究，该模型对样本分布假设较为严格。本书的限制性条款强度变量期望大于方差，存在散布不足的问题。

Wooldridge（2002）的研究表明，泊松分布假设可以被放宽，即使对于不完全符合泊松分布的样本，泊松估计量也是十分稳健的。因此，考虑到限制性条款强度变量的期望与方差并不相等，本书采用准极大似然估计方法来估计泊松回归模型，计算变量的稳健标准误，以得到可靠的估计结果。

在泊松模型中，样本公司 $i$ 在第 $t$ 年使用限制性条款数量 $Covenant_{it}$ 的概率表示为：

$$P(Covenant_{it}) = \frac{e^{-\lambda_{it}}\lambda_{it}^{Covenant_{it}}}{Covenant_{it}!} \tag{4-3}$$

其中，$i$ 代表第 $i$ 家企业，$t$ 代表第 $t$ 年。$\lambda_{it}$ 代表泊松参数，等于泊松分布的期望，即 $E(Covenant_{it}|X_{it}\beta) = \lambda_{it}$。为了保证 $\lambda_{it}$ 非负，本书将期望值模型转化为一个指数函数：

$$E(Covenant_{it}|X_{it}) = \exp(X_{it}\beta + \varepsilon_{it}) \tag{4-4}$$

其中，$X$ 代表解释变量和控制变量，$\beta$ 代表回归系数，$\varepsilon$ 代表随机误差项。随后，对条件期望两边同时取自然对数得到泊松分布模型，即为：

$$\begin{aligned}\text{Ln}[E(Covenant_{it}|X_{it}\beta)] = \beta_0 + \beta_1 UOS_{it} + \sum_{j=1}^{12}\beta_{1+j}ControlVAR_{it} + \beta_{14}Spreads_{it} + \\ \beta_{15}Maturity_{it} + Year\ fixed\ effects + \\ Industry\ fixed\ effects + \varepsilon_{it}\end{aligned} \tag{4-5}$$

其中，*Spreads* 代表公司债券发行利差，*Maturity* 代表公司债券发行期限，*Covenant* 代表公司债券限制性条款强度。解释变量 *UOS* 代表终极所有权结构，包含现金流量权（*CFRights*）、两权分离度（*Separation*）、终极控制股东类型（*State*）三个代理变量。*ControlVAR* 为控制变量，相关变量定义见研究变量定义表 4－3。为研究债券发行利差、发行期限和限制性条款强度相互间的影响，本书在每个回归估计模型中加入另两个债券契约条款为控制变量。同时，为避免异常值影响，本书对连续变量进行了上下1%的Winsorize处理。为避免行业和年度异质性的影响，本书还控制了行业Industry和年度Year固定效应。

### 4.2.3 描述性统计和相关性统计

4.2.3.1 年度与行业的样本分布

表4-4列示了样本债券契约条款的行业和年度分布情况。由表4-4 Panel A样本的年度分布情况来看：①虽然2007年公司债发行破冰，中国长江电力股份有限公司、海洋石油工程股份有限公司、华能国际电力股份有限公司共发行5只公司债，但经数据筛选后，总样本不包含2007年公司债，本书总样本的最终时间跨度为2008年至2016年。②在总样本中，上市公司于2016年发行的公司债券数量最多，共计149家上市公司发行218只公司债券，占比高达26.8%。而上市公司从2008年至2010年3年时间总共发行72只一般公司债，占比仅为8.9%。③从债券发行利差来看，2009年的债券发行利差最高，高达3.319%，产生这一现象的原因可能与较少的样本量有关。2014年后，债券发行利差呈显著下降趋势，2015年债券利差较上年下降0.641%，2016年债券利差较上年下降0.27%，产生这一现象的原因是，2015年以来，央行采用较为宽松的货币政策，多次下调存款准备金、存贷款基准利率，对支持小微企业、“三农”以及重大水利工程的金融机构实行定向降准，推广常备贷款便利等措施，为市场提供了宽裕的流动性，带动市场利率下行。④从债券发行期限来看，2012年之后的债券发行人发行公司债券的期限均值均为5年，而在2012年之前，债券发行期限的均值接近6年。⑤从限制性条款强度来看，各年上市公司发行债券的限制性条款个数均值基本处于2~3只的水平，并未呈现较大差异，但整体水平偏低，说明我国债券发行公司在各年募集说明书中包含的限制性条款数量接近，但均处于较低水平。

**表4-4 年度与行业的样本分布**

| Panel A：年份分布 | | | | | |
|---|---|---|---|---|---|
| 年份 | 公司数量 | 样本量 | *Spreads* | *Maturity* | *Covenants* |
| 2008 | 13 | 14 | 2.611 | 4.298 | 1.857 |
| 2009 | 38 | 39 | 3.319 | 4.189 | 2.641 |

续表

| Panel A：年份分布 | | | | | |
|---|---|---|---|---|---|
| 年份 | 公司数量 | 样本量 | *Spreads* | *Maturity* | *Covenants* |
| 2010 | 13 | 19 | 2.168 | 4.371 | 2.842 |
| 2011 | 64 | 74 | 2.633 | 4.22 | 3.581 |
| 2012 | 133 | 164 | 2.779 | 4.168 | 3.421 |
| 2013 | 71 | 81 | 2.093 | 4.154 | 3.654 |
| 2014 | 67 | 71 | 2.655 | 4.055 | 3.577 |
| 2015 | 104 | 125 | 2.014 | 4.041 | 3.648 |
| 2016 | 149 | 218 | 1.742 | 4.029 | 3.509 |
| Panel B：行业分布 | | | | | |
| 行业名称 | 公司数量 | 样本量 | *Spreads* | *Maturity* | *Covenants* |
| 农、林、牧、渔业 | 5 | 5 | 3.606 | 4.131 | 3.8 |
| 采矿业 | 38 | 64 | 2.038 | 4.185 | 2.922 |
| 制造业 | 317 | 364 | 2.517 | 4.098 | 3.484 |
| 电力、热力、燃气及水生产和供应业 | 52 | 64 | 1.646 | 4.187 | 2.844 |
| 建筑业 | 28 | 46 | 2.086 | 4.178 | 3.5 |
| 批发和零售业 | 29 | 35 | 2.145 | 4.025 | 3.486 |
| 交通运输、仓储和邮政业 | 52 | 69 | 1.599 | 4.13 | 3.362 |
| 住宿和餐饮业 | 1 | 1 | 3.644 | 4.094 | 4 |
| 信息传输、软件和信息技术服务业 | 12 | 12 | 3.001 | 3.995 | 3.833 |
| 房地产业 | 97 | 120 | 2.522 | 4.106 | 3.917 |
| 租赁和商务服务业 | 7 | 9 | 2.12 | 3.867 | 3.556 |
| 水利、环境和公共设施管理业 | 3 | 4 | 2.039 | 4.051 | 4.5 |
| 卫生和社会工作 | 1 | 1 | 0.696 | 4.094 | 3 |
| 文化、体育和娱乐业 | 2 | 2 | 1.458 | 3.839 | 3.5 |
| 综合 | 8 | 9 | 2.53 | 4.038 | 3.222 |

注：本表样本公司的行业划分是根据中国证监会 2012 年制定的行业分类标准统计的。

表 4－4 的 Panel B 表现样本的行业分布情况，结果显示：①不同行业发行公司债情况存在显著差异。制造业发行公司债数量占总样本的 5.22%（＝364/805），采矿业，电力、热力、燃气及水生产和供应业，交通运输、仓储和邮政业以及房地产业发行公司债券较多，发行数量均大于 60 只，其他行业发行债券较

少。②从债券发行利差来看，除去农、林、牧、渔业和住宿和餐饮业等行业的债券发行量较少不可比外，在其余行业中，房地产业的债券发行利差最高，达到2.522%，而交通运输、仓储和邮政业的债券发行利差最低，仅为1.599%。③从债券发行期限来看，大多数行业的债券发行人都倾向发行5年期的债券品种，样本行业债券发行期限的均值均接近5年。④从限制性条款强度来看，各行业上市公司发行债券的限制性条款个数均在3~4只，并未呈现显著差别。

4.2.3.2 变量的描述性统计

本章选取的主要变量的描述性统计结果如表4-5所示。

**表4-5 研究变量的描述性统计结果**

| 变量 | 数量 | 均值 | 标准差 | 最小值 | 25分位数 | 中位数 | 75分位数 | 最大值 |
|---|---|---|---|---|---|---|---|---|
| *Spreads*（%） | 805 | 2.295 | 1.176 | 0.357 | 1.453 | 2.160 | 3.080 | 5.272 |
| *Maturity* | 805 | 4.112 | 0.305 | 3.178 | 4.094 | 4.094 | 4.094 | 4.787 |
| *Covenants* | 805 | 3.453 | 1.597 | 0.000 | 2.000 | 4.000 | 4.000 | 7.000 |
| *CFRights* | 805 | 0.372 | 0.185 | 0.031 | 0.234 | 0.350 | 0.511 | 0.862 |
| *Separation* | 805 | 1.335 | 0.742 | 1.000 | 1.000 | 1.000 | 1.374 | 5.747 |
| *State* | 805 | 0.555 | 0.497 | 0.000 | 0.000 | 1.000 | 1.000 | 1.000 |
| *Size* | 805 | 23.720 | 1.478 | 21.180 | 22.630 | 23.520 | 24.520 | 28.410 |
| *LEV* | 805 | 0.582 | 0.145 | 0.243 | 0.473 | 0.584 | 0.687 | 0.857 |
| *MTB* | 805 | 1.448 | 0.611 | 0.799 | 1.042 | 1.258 | 1.640 | 4.251 |
| *GRW* | 805 | 0.172 | 0.344 | -0.385 | -0.009 | 0.110 | 0.256 | 2.077 |
| *ROA* | 805 | 0.034 | 0.032 | -0.073 | 0.014 | 0.028 | 0.050 | 0.128 |
| *Tangible* | 805 | 0.245 | 0.200 | 0.001 | 0.078 | 0.203 | 0.379 | 0.730 |
| *Big4* | 805 | 0.176 | 0.381 | 0.000 | 0.000 | 0.000 | 0.000 | 1.000 |
| *Duality* | 805 | 0.145 | 0.353 | 0.000 | 0.000 | 0.000 | 0.000 | 1.000 |
| *IndDirectors* | 805 | 0.374 | 0.060 | 0.308 | 0.333 | 0.333 | 0.400 | 0.571 |
| *Amount* | 805 | 20.700 | 0.854 | 14.990 | 20.130 | 20.720 | 21.190 | 23.500 |
| *CreditRating* | 805 | 2.217 | 0.445 | 1.000 | 2.000 | 2.000 | 2.000 | 3.000 |
| *Collateral* | 805 | 0.386 | 0.487 | 0.000 | 0.000 | 0.000 | 1.000 | 1.000 |

从被解释变量来看，债券发行利差（*Spreads*）的均值（中位数）为2.295%（2.16%），波动范围从0.357%至5.272%，波动幅度较大，说明不同债券发行主体间的公司债融资成本存在显著差异。债券发行期限（*Maturity*）的最小值最

大值分别为 3.178 和 4.787，说明样本债券中的最短期限为 2 年而最长期限为 10 年，其中 25 分位数、均值和 75 分位数均为 4.094，说明大部分样本债券的发行期限为 5 年。限制性条款强度（*Covenants*）的最小值为 0，最大值为 7，标准差为 1.597，说明不同债券发行人使用的限制性条款强度存在显著差异，有些债券发行人的募集说明书中不包括限制性条款，而有些债券发行人的募集说明书中包含全部类型的限制性条款。同时，我国公司债的限制性条款使用情况仍处于较低水平，其平均数和中位数分别为 3.453 和 4，说明中国上市公司通过限制性条款对债券投资者进行保护的程度整体较弱。

从解释变量来看，现金流量权（*CFRights*）的均值（中位数）为 0.372（0.35），总体而言，样本公司的平均现金流量权水平远高于 Claessens 等（2000）研究的东亚国家（东亚国家现金流量权的平均值为 0.157）与 Faccio 和 Lang（2002）研究的西欧国家（西欧国家现金流量权的平均值为 0.346）。控制权和现金流量权的分离度（*Separation*）的均值为 1.335，接近于东亚国家公司的两权分离度（东亚国家两权分离度的平均值为 1.340），远高于西欧国家公司的两权分离度（西欧国家两权分离度的平均值为 1.152）。此外，两权分离度的最小值为 1，最大值为 5.747，其差异较大，说明不同样本公司中的两权分离程度差异较大。终极控制股东类型（*State*）的均值为 0.555，表明约有 55.5% 的公司债券由终极控制股东是国有属性的上市公司发行的。

从控制变量来看，公司规模（*Size*）的均值为 23.720。资产负债率（*LEV*）的均值为 0.582，说明样本公司中总资产中的 58.2% 来源于公司负债。公司市账率（*MTB*）、营业收入增长率（*GRW*）和总资产收益率（*ROA*）的均值分别为 1.448、0.172 和 0.034。有形资产占总资产的比率（*Tangible*）约为 24.5%。审计质量（*Big4*）的均值为 0.176，说明样本中有 17.6% 的公司债券是由四大会计师事务所审计的上市公司发行的。总样本中 14.5% 的债券发行公司存在董事长与总经理二职合一（*Duality*）的情况，并且大约 37.4% 的董事为独立董事（*IndDirectors*）。另外，债券发行规模（*Amount*）的均值为 20.7，表明样本公司中债券发行规模的均值为 10 亿元人民币。债券信用评级的均值为 2.217，说明债券主体信用评级（*CreditRating*）的均值介于 AA 与 AA + 之间。最后，总样本中约有 38.6% 的债券含有担保（*Collateral*）。

#### 4.2.3.3 主变量相关性统计

本书选取的被解释变量和解释变量的相关性统计结果如表4－6所示。

**表4－6 主要变量的Pearson相关性统计结果**

| | *Spreads* | *Maturity* | *Covenants* | *CFRights* | *Separation* | *State* |
|---|---|---|---|---|---|---|
| *Maturity* | －0.128*** | 1 | | | | |
| *Covenants* | 0.0210 | 0.179*** | 1 | | | |
| *CFRights* | －0.302*** | 0.109*** | －0.099*** | 1 | | |
| *Separation* | 0.172*** | －0.046 | 0.090** | －0.514*** | 1 | |
| *State* | －0.500*** | 0.210*** | －0.137*** | 0.384*** | －0.246*** | 1 |

注：***、**和*分别代表在1%、5%和10%的水平上显著。

从表4－6可见，第一，终极控制股东现金流量权（*CFRights*）与债券发行利差呈显著负相关关系、与债券发行期限呈显著正相关关系、与债券的限制性条款强度呈显著负相关关系，该结果说明终极控制股东现金流量权越高时，债券契约条款越宽松，结果初步证实了研究假设H1。第二，终极控制股东控制权与现金流量权的分离度（*Separation*）与债券发行利差显著正相关，与限制性条款强度显著正相关，与债券发行期限负相关但不显著，总体上说明两权分离度越大时，债券契约条款越严格，该结果初步证实了研究假设H2。第三，终极控制股东性质（*State*）与债券发行利差显著负相关，与债券发行期限显著正相关，与限制性条款强度显著负相关，说明终极控制股东的产权性质为国有属性时，债券契约条款的宽松性程度越高，该结果初步证实了研究假设H3。第四，终极控制股东的现金流量权与两权分离度呈显著负相关关系。同时，终极控制股东的属性与现金流量权呈显著正相关关系，与两权分离度呈显著负相关关系，该结果说明相比于民营属性的上市公司时，终极控制股东是国有属性的上市公司所持有的现金流量权更高，且两权分离程度更低。

此外，债券发行期限与债券发行利差的相关系数在1%的水平上显著为负，说明公司债券的发行期限越长时，债券的发行利差越低，该结果与西方债券市场的研究结果并不一致，产生这一结果的主要原因可能是，中国公司债发行主体与债项评级水平普遍较高，债券投资者倾向于选择高评级的债券进行投资，此时高信用评级的债券会享有更低的融资成本且更长的融资期限，因此，在中国公司债券市场中，由于绝大部分债券的信用评级较高，此时债券的融资成本与融资期限呈负相关关系，这一结果与以往中国公司债市场的研究结果一致（Xu et al.，2017；Gao and Lin，2018）。限制性条款强度与债券发行期限显著正相关关系，该结果说明为降低投资长期公司债券给债券投资者带来的风险，投资者需要更严格的限制性条款设计以降低债券的违约风险与债券违约后对自身造成的损失。

### 4.2.4　实证结果分析

#### 4.2.4.1　单变量检验

表 4－7 显示的为终极所有权结构与债券契约条款间的单变量分析。本书按照终极控制股东现金流量权的中位数、控制权与现金流量权是否分离以及终极控制股东性质进行分组，随后，分别就不同分组间的终极所有权结构对债券契约条款的影响进行均值 T 检验。

**表 4－7　单变量检验结果**

| Panel A：终极控制股东现金流量权 | | | | | | |
|---|---|---|---|---|---|---|
| | 现金流量权低 | | 现金流量权高 | | | |
| Variables | 样本量 | 均值 | 样本量 | 均值 | 差异 | T 值 |
| *Spreads* | 403 | 2.627 | 402 | 1.962 | 0.666 | 8.373*** |
| *Maturity* | 403 | 4.088 | 402 | 4.136 | －0.048 | －2.239** |
| *Covenants* | 403 | 3.462 | 402 | 3.445 | 0.016 | 0.144 |
| Panel B：终极控制股东两权分离度 | | | | | | |
| | 两权未分离 | | 两权有分离 | | 差异 | T 值 |
| *Spreads* | 453 | 2.012 | 352 | 2.658 | －0.646 | －8.032*** |
| *Maturity* | 453 | 4.135 | 352 | 4.082 | 0.052 | 2.419** |
| *Covenants* | 453 | 3.329 | 352 | 3.614 | －0.285 | －2.517** |
| Panel C：终极控制股东性质 | | | | | | |
| | 民营属性 | | 国有属性 | | 差异 | T 值 |
| *Spreads* | 358 | 2.952 | 447 | 1.769 | 1.183 | 16.372*** |
| *Maturity* | 358 | 4.04 | 447 | 4.169 | －0.129 | －6.088*** |
| *Covenants* | 358 | 3.698 | 447 | 3.257 | 0.441 | 3.928*** |

注：***、** 和 * 分别代表在 1%、5% 和 10% 的水平上显著。

Panel A 为样本按照终极控制股东的现金流量权中位数划分成现金流量权低组和现金流量权高组后，对不同组的债券契约条款进行均值 T 检验。从 Panel A 中可见，终极控制股东现金流量权高的组其债券发行利差的均值在 1% 的水平上显著低于现金流量权低的组，而债券发行期限的均值在 5% 的水平上显著高于现金流量权低的组，结果初步表明终极控制股东现金流量权的提高会降低公司债券发行契约条款的严格程度，初步验证了假设 1。然而，终极控制股东现金流量权高低组中的限制性条款强度并没有显著差别。Panel B 为样本按照终极控制股东的控制权与现金流量权是否存在分离的情况将样本划分为两权未分离和两权存在分离两组后，对不同组的债券契约条款进行均值 T 检验。由 Panel B 可见，两权存在分离组的债券发行利差均值和限制性条款强度的均值分别在 1% 和 5% 的水平上显著高于两权未分离的组，而债券发行期限的均值在 5% 的水平上显著低于两权未分离的组，结果表明终极控制股东的两权分离情况会提高债券契约条款的严格程度，初步验证了假设 2。Panel C 为样本按照终极控制股东属性划分为国有属性和民营属性后，对不同组的债券契约条款进行的均值 T 检验。由 Panel C 可见，国有企业的债券发行利差和债券限制性条款强度在 1% 的水平上显著低于民营企业组，而债券发行期限则在 1% 的水平上显著高于民营企业组，这说明相比于民营属性，终极控制股东的国有属性会降低债券契约条款的严格程度，即国有属性企业发行的债券利差更低、债券期限更长且债券限制性条款强度更低，结果初步验证了假设 3。

4.2.4.2　多元回归分析

为检验假设 1 – 3，本书首先使用控制行业和年度固定效应的模型（4 – 1）来分析终极所有权结构与债券发行利差间的关系。表 4 – 8 报告了实证分析结果，其中第（1）列报告了终极控制股东的现金流量权对债券发行利差的影响，第（2）列报告了控制权与现金流量权的分离度对债券发行利差的影响，第（3）列报告了终极控制股东属性对债券发行利差的影响。

**表 4 – 8　终极所有权结构与债券发行利差的多元回归结果**

| 变量 | (1) | (2) | (3) |
|---|---|---|---|
| Intercept | 12.685 *** | 12.930 *** | 12.008 *** |
| | (10.78) | (11.09) | (11.73) |

续表

| 变量 | (1) | (2) | (3) |
|---|---|---|---|
| *CFRights* | -0.551***<br>(-2.63) | | |
| *Separation* | | 0.125***<br>(2.81) | |
| *State* | | | -1.000***<br>(-13.95) |
| *Size* | -0.070<br>(-1.64) | -0.093**<br>(-2.23) | -0.069*<br>(-1.86) |
| *LEV* | 0.979***<br>(3.32) | 1.076***<br>(3.73) | 1.180***<br>(4.64) |
| *MTB* | 0.027<br>(0.39) | 0.024<br>(0.35) | 0.013<br>(0.22) |
| *GRW* | 0.396***<br>(3.20) | 0.394***<br>(3.19) | 0.256**<br>(2.33) |
| *ROA* | -4.182***<br>(-3.58) | -4.274***<br>(-3.68) | -4.457***<br>(-4.17) |
| *Tangible* | -0.495**<br>(-2.45) | -0.543***<br>(-2.67) | -0.214<br>(-1.16) |
| *Big4* | -0.232***<br>(-2.64) | -0.233***<br>(-2.68) | -0.267***<br>(-3.42) |
| *Duality* | 0.065<br>(0.62) | 0.090<br>(0.89) | -0.007<br>(-0.08) |
| *IndDirectors* | -0.754<br>(-1.43) | -0.799<br>(-1.51) | -0.401<br>(-0.90) |
| *Amount* | -0.204***<br>(-3.36) | -0.205***<br>(-3.38) | -0.222***<br>(-4.34) |
| *CreditRating* | -0.668***<br>(-7.44) | -0.654***<br>(-7.32) | -0.357***<br>(-4.61) |
| *Collateral* | -0.025<br>(-0.31) | -0.034<br>(-0.44) | 0.073<br>(1.11) |

续表

| 变量 | (1) | (2) | (3) |
|---|---|---|---|
| *Maturity* | -0.434*** | -0.435*** | -0.331*** |
| | (-4.02) | (-4.03) | (-3.48) |
| *Covenants* | -0.033 | -0.037* | -0.039** |
| | (-1.53) | (-1.67) | (-2.06) |
| Year | Yes | Yes | Yes |
| Industry | Yes | Yes | Yes |
| Adjusted $R^2$ | 0.570 | 0.571 | 0.667 |
| N | 805 | 805 | 805 |

注：括号内值为t值；***、**、*分别表示在1%、5%、10%的水平上显著。

表4-8第（1）列中，*CFRights* 的系数为-0.551，且在1%的水平上显著，表明现金流量权的提升会降低公司债券的发行利差，验证了假设H1。这一结果说明，终极控制股东的现金流量权越高时，其与外部投资者的利益越一致，追求公司价值最大化的意愿越强烈。此时，终极控制股东操纵会计信息或通过"隧道"行为获取私有收益的动机降低，代理成本下降。当控股股东的现金流量权较高时，债券投资者对公司债券信用质量的信心增强，进而降低公司债券的风险溢价，减少债券融资成本。表4-8第（2）列中，*Separation* 的系数为0.125，且在1%的水平上显著，说明终极控制股东控制权与现金流量权分离度的提升会增加公司债券的发行利差，验证了假设H2。这一结果说明，控制权和现金流量权的分离使控制股东通过较少的现金流量权便可获取公司的较大控制权，拥有绝对控制权的控制股东进行"隧道"行为掏空公司的能力和动机增强，而较少的现金流量权减少了控制股东因掠夺行为造成公司损失所承担的份额。同时，控制股东的两权分离会增强其操纵会计信息掩盖私有收益的能力和动机，加剧信息不对称问题。因此，控制权与现金流量权的分离会增加控股股东与债券投资者之间的代理冲突和信息不对称水平，减少债券投资者对债券信用质量的信心，为保护自身利益，债券投资者会要求更严格的契约条款。在表4-8第（3）列中，*State* 的系数为-1，且在1%的水平上显著，说明终极控制股东类型为国有的企业其债券发行利差更低，验证了假设H3。这一结果说明，当终极控制股东为国有属性

时，作为国有资本的代表，政府官员很难享有“隧道”行为产生的私有收益，因此，中国上市公司中终极控制人通过内部贷款、非经营性资金侵占等方式进行的“隧道”行为在国有企业中可能都不存在。同时，在我国金融体系以国有银行主导的大环境下，与国有银行拥有相同控制股东的国有企业更容易获取更多长期的银行贷款，从而形成国有企业的“预算软约束”，此时国有企业发生债券违约或者陷入财务困境的可能性相对较低。终极控制股东的国有属性会降低公司内部人与外部投资者间的代理冲突和信息不对称问题，同时国有企业的预算软约束会降低公司债券的违约风险，进而增强债券投资者的投资信心，降低其对风险溢价的需求，进而降低债券发行利差。

控制变量方面，公司资产负债率（*LEV*）较高、销售增长率（*GRW*）较高的公司，债券的发行利差较高；公司的规模（*Size*）越大、资产收益率（*ROA*）较高、有形资产比率（*Tangible*）较高的公司，债券的发行利差较低。*Big*4 的系数显著为负，说明相较于非四大会计师事务所审计的公司，债券投资者更认可被四大会计师事务所审计的公司，因此此类公司的债券融资成本更低。公司债发行规模（*Amount*）越大，公司债发行利差越低，该结果与陈超和李镕伊（2014）、王雄元和高开娟（2017b）的研究结果一致。债券信用评级（*CreditRating*）越高，公司债券发行利差越低，该结论与王雄元和高开娟（2017b）的研究结果相一致。

表4－9报告了终极所有权结构对债券发行期限的实证分析结果。由表4－9第（1）列可见，*CFRights* 的系数在10%的水平上显著为正，结果验证了假设H1，表明现金流量权的提升会增加终极控制股东以实现公司价值为目标的动机，使其与外部投资者的利益更为趋同，降低控股股东的掠夺动机，进而降低债券投资者对契约条款的要求。由表4－9第（2）列可见，*Separation* 的系数在5%的水平上显著为负，这一结果验证了假设H2，表明公司控制权与现金流量权的分离程度会增加终极控制股东与外部投资者间的代理冲突和信息不对称问题，进而提升债券投资者面临的风险，为降低债券违约对自身造成的损失，债券投资者倾向于投资期限较短的公司债券。由表4－9第（3）列可见，*State* 与债券发行期限未呈现显著关系，这一结果并未验证假设H3。产生这一结果的原因可能是，样本债券中大部分为五年期债券，占总样本的62%，这使得在终极控制股东为国有属性和民营属性的公司发行的期限结果并未呈现显著差别，因为两类样本中同

样以五年期公司债券为主，进而导致实证回归中终极控制股东性质与债券发行期限未产生显著关系。

**表 4－9　终极所有权结构与债券发行期限的多元回归结果**

| 变量 | (1) | (2) | (3) |
|---|---|---|---|
| *Intercept* | 3.440***<br>(8.32) | 3.382***<br>(8.21) | 3.369***<br>(8.05) |
| *CFRights* | 0.119*<br>(1.81) | | |
| *Separation* | | -0.032**<br>(-2.29) | |
| *State* | | | 0.013<br>(0.50) |
| *Size* | 0.031*<br>(1.84) | 0.036**<br>(2.09) | 0.036**<br>(2.08) |
| *LEV* | 0.084<br>(0.80) | 0.063<br>(0.60) | 0.057<br>(0.53) |
| *MTB* | 0.037*<br>(1.77) | 0.038*<br>(1.82) | 0.037*<br>(1.75) |
| *GRW* | -0.001<br>(-0.03) | -0.001<br>(-0.02) | -0.001<br>(-0.02) |
| *ROA* | -1.341***<br>(-2.95) | -1.313***<br>(-2.90) | -1.337***<br>(-2.93) |
| *Tangible* | 0.101<br>(1.17) | 0.114<br>(1.32) | 0.101<br>(1.16) |
| *Big4* | -0.059*<br>(-1.70) | -0.058*<br>(-1.68) | -0.058*<br>(-1.67) |
| *Duality* | 0.014<br>(0.53) | 0.008<br>(0.31) | 0.010<br>(0.38) |
| *IndDirectors* | 0.077<br>(0.44) | 0.088<br>(0.50) | 0.081<br>(0.46) |
| *Amount* | -0.000<br>(-0.01) | 0.001<br>(0.03) | -0.000<br>(-0.00) |

续表

| 变量 | (1) | (2) | (3) |
|---|---|---|---|
| *CreditRating* | 0. 034<br>(0. 94) | 0. 030<br>(0. 83) | 0. 035<br>(0. 94) |
| *Collateral* | 0. 062 **<br>(2. 42) | 0. 064 **<br>(2. 51) | 0. 064 **<br>(2. 49) |
| *Spreads* | -0. 049 ***<br>( -4. 18) | -0. 048 ***<br>( -4. 09) | -0. 048 ***<br>( -3. 57) |
| *Covenants* | 0. 047 ***<br>(6. 57) | 0. 048 ***<br>(6. 71) | 0. 047 ***<br>(6. 57) |
| Year | Yes | Yes | Yes |
| Industry | Yes | Yes | Yes |
| Adjusted $R^2$ | 0. 291 | 0. 293 | 0. 288 |
| N | 805 | 805 | 805 |

注：括号内值为 t 值；***、**、*分别表示在 1%、5%、10% 的水平上显著。

表 4－10 报告了终极所有权结构对债券限制性条款强度的实证分析结果。由表 4－10 第（1）列可见，*CFRights* 的系数为负但并不显著，这一结果并未验证假设 H1。由表 4－10 第（2）列可见，*Separation* 的系数在 1% 的水平上显著为正，这一结果验证了假设 H2。结果表明较大的两权分离度会提升债券投资者面临的风险，为降低债券违约对自身造成损失的风险，债券投资者会要求更严格的限制性条款以降低公司内部人的掠夺动机。由表 4－10 第（3）列可见，*State* 的系数在 10% 的水平上显著为负，这一结果验证了假设 H3。结果表明，终极控制股东的国有属性意味着公司内部人与外部投资者间的代理冲突和信息不对称程度更低，且国有属性给企业带来的预算软约束会降低公司发行债券的违约风险，进而增强债券投资者的投资信心，并降低其对债券限制性条款强度的要求。

**表 4－10　终极所有权结构与限制性条款强度的 Poisson 回归结果**

| 变量 | (1) | (2) | (3) |
|---|---|---|---|
| Intercept | -0. 025<br>( -0. 04) | 0. 031<br>(0. 05) | 0. 169<br>(0. 25) |

续表

| 变量 | (1) | (2) | (3) |
|---|---|---|---|
| *CFRights* | -0.103<br>(-1.02) | | |
| *Separation* | | 0.050***<br>(2.69) | |
| *State* | | | -0.071*<br>(-1.78) |
| *Size* | -0.075***<br>(-3.09) | -0.080***<br>(-3.40) | -0.079***<br>(-3.35) |
| *LEV* | 0.519***<br>(3.24) | 0.527***<br>(3.36) | 0.561***<br>(3.60) |
| *MTB* | 0.013<br>(0.35) | 0.011<br>(0.30) | 0.012<br>(0.34) |
| *GRW* | 0.033<br>(0.70) | 0.033<br>(0.70) | 0.030<br>(0.62) |
| *ROA* | 0.967<br>(1.36) | 0.902<br>(1.28) | 0.880<br>(1.23) |
| *Tangible* | -0.054<br>(-0.45) | -0.075<br>(-0.63) | -0.043<br>(-0.35) |
| *Big4* | -0.018<br>(-0.36) | -0.019<br>(-0.39) | -0.024<br>(-0.50) |
| *Duality* | 0.001<br>(0.03) | 0.007<br>(0.17) | -0.000<br>(-0.00) |
| *IndDirectors* | -0.002<br>(-0.01) | -0.014<br>(-0.05) | 0.003<br>(0.01) |
| *Amount* | 0.030<br>(1.10) | 0.029<br>(1.04) | 0.026<br>(0.93) |
| *CreditRating* | -0.149***<br>(-2.63) | -0.138**<br>(-2.40) | -0.138**<br>(-2.41) |
| *Collateral* | -0.154***<br>(-4.00) | -0.152***<br>(-3.93) | -0.149***<br>(-3.83) |

续表

| 变量 | (1) | (2) | (3) |
|---|---|---|---|
| *Maturity* | 0.455*** <br> (7.01) | 0.456*** <br> (7.06) | 0.454*** <br> (7.04) |
| *Spreads* | -0.031 <br> (-1.57) | -0.034* <br> (-1.69) | -0.045** <br> (-2.10) |
| Year | Yes | Yes | Yes |
| Industry | Yes | Yes | Yes |
| Pseudo $R^2$ | 0.052 | 0.053 | 0.052 |
| N | 805 | 805 | 805 |

注：括号内值为z值；***、**、*分别表示在1%、5%、10%的水平上显著。

#### 4.2.4.3　内生性检验

（1）债券样本的自选择问题。由于发行债券与未发行债券的公司特征可能存在系统性差异，因此我们在研究终极所有权结构对债券契约的影响时会存在自选择的问题，为解决自选择产生的内生性问题，本书参考王雄元和高开娟（2017a，2017b）的做法，使用Heckman两阶段估计模型（Heckman，1979），以控制发行债券与未发行债券样本的公司特征差异对结果产生的影响。具体做法为，本书将在Heckman第一阶段中分析哪些因素会影响公司是否发行公司债券，并估算出逆米尔斯系数（Inverse Mill's Ratio，IMR）；在第二阶段检验模型（4-1）、模型（4-2）和模型（4-5）的实证分析中加入IMR，考察在控制样本选择性偏差后，终极所有权结构是否仍然对债券契约产生显著影响。具体做法如下：

第一阶段，本书建立是否发行公司债的Probit回归模型。模型表示为：

$$Bond_{it} = \beta_0 + \beta_1 Size_{it} + \beta_2 LEV_{it} + \beta_3 MTB_{it} + \beta_4 ROA_{it} + \beta_5 CFRisk_{it} + \beta_6 Tangible_{it} + \beta_7 Big4_{it} + \beta_8 CurrentRatio_{it} + Year\ fixed\ effects + Industry\ fixed\ effects + \varepsilon_{it} \tag{4-6}$$

其中，*Bond*代表公司当年是否发行公司债券的虚拟变量。参考Bharath等（2008）和Lin等（2013）等的研究，本书选取公司规模（*Size*），资产负债率（*LEV*），市账率（*MTB*），资产收益率（*ROA*），现金流风险（*CFRisk*，虚拟变量，当净收益为负数时，取值为1，否则为0），有形资产比率（*Tangible*），是否为四大会计师事务所审计的虚拟变量（*Big*4），流动比率（*CurrentRatio*，流动资产与流动负债的比），年份与行业的固定效应为控制变量。变量的具体定义和度量见表4－3。

第二阶段，本书将IMR纳入模型中，重新回归模型（4－1）、模型（4－2）和模型（4－5），检验控制了自选择问题后的终极所有权结构与债券契约条款间的关系。

表4－11显示Heckman两阶段的第一阶段结果。结果显示，规模越大的公司、资产负债率越高的公司以及流动比率越高的公司越倾向于使用公司债券进行融资。而市账率越高的公司、现金流风险越高的公司，由四大会计师事务所审计的公司更不倾向于使用公司债券进行融资。

表4－12显示Heckman两阶段中第二阶段的终极所有权结构对债券契约条款的影响。由表4－12的Panel A可见，在控制了选择性样本偏差产生的影响后，公司终极控制股东的现金流量权对债券发行利差仍然产生显著负向影响（coefficient = －0.398；t = －2.1），控制权与现金流量权的分离度对债券发行利差仍然产生显著正向影响（coefficient =0.096；t =2.3），终极控制股东性质对债券发行利差仍然产生显著负向影响（coefficient = －0.812；t =11.19）。所有结果均与表4－8的结果一致。由表4－12 Panel B可见，在控制了选择性样本偏差产生的影响后，终极控制股东现金流量权与债券发行期限仍呈现显著正相关关系，控制权与现金流量权的分离度与债券发行期限仍然呈显著负相关性关系，终极控制股东性质对债券发行期限并不产生显著影响。结果均与表4－9的一致。由表4－12 Panel C可见，在控制了选择样本偏差产生的影响后，终极控制股东控制权与现金流量权的分离度与限制性条款强度呈显著正相关关系，终极控制股东性质与限制性条款强度呈显著负相关关系，终极控制股东的现金流量权与限制性条款强度并无显著关系，所有结果均与表4－10的一致。同时，我们还进一步考察了逆米尔斯（IMR）的系数，发现逆米尔斯的系数在统计上均不显著，说明样本选择偏差的问题在本章中并不是非常严重。

**表 4－11　Heckman 第一阶段**

| | |
|---|---|
| Intercept | －10.465 ***<br>( －23.92) |
| *Size* | 0.356 ***<br>(20.13) |
| *LEV* | 0.460 ***<br>(3.81) |
| *MTB* | －0.062 ***<br>( －2.75) |
| *ROA* | －0.423<br>( －0.86) |
| *CFRisk* | －0.411 ***<br>( －4.18) |
| *Tangible* | －0.208<br>( －1.61) |
| *Big4* | －0.171 **<br>( －2.52) |
| *CurrentRatio* | 0.025 ***<br>(3.71) |
| Year | Yes |
| Industry | Yes |
| Pseudo $R^2$ | 0.231 |
| N | 21161 |

注：括号内值为 z 值；*** 、** 、* 分别表示在 1%、5%、10% 的水平上显著。

**表 4－12　Heckman 第二阶段终极所有权结构对债券契约条款的影响**

| Panel A： | (1) | (2) | (3) |
|---|---|---|---|
| 被解释变量 | *Spreads* | | |
| Intercept | 11.072 ***<br>(2.66) | 11.587 ***<br>(2.80) | 14.207 ***<br>(3.54) |
| *CFRights* | －0.398 **<br>( －2.10) | | |
| *Separation* | | 0.096 **<br>(2.30) | |

续表

| Panel A: | (1) | (2) | (3) |
| --- | --- | --- | --- |
| 被解释变量 | | *Spreads* | |
| *State* | | | -0.812***<br>(-11.19) |
| *Size* | -0.005<br>(-0.04) | -0.028<br>(-0.23) | -0.114<br>(-0.97) |
| *LEV* | 0.702**<br>(2.08) | 0.748**<br>(2.25) | 0.791***<br>(2.60) |
| *MTB* | 0.085*<br>(1.90) | 0.088**<br>(1.97) | 0.062<br>(1.60) |
| *GRW* | 0.223**<br>(2.11) | 0.221**<br>(2.08) | 0.145<br>(1.48) |
| *ROA* | -4.165***<br>(-3.95) | -4.286***<br>(-4.05) | -4.204***<br>(-4.42) |
| *Tangible* | -0.463**<br>(-2.21) | -0.490**<br>(-2.35) | -0.155<br>(-0.78) |
| *Big4* | -0.168*<br>(-1.66) | -0.166<br>(-1.64) | -0.156*<br>(-1.66) |
| *Duality* | 0.065<br>(0.61) | 0.083<br>(0.81) | 0.006<br>(0.07) |
| *IndDirectors* | -0.913*<br>(-1.89) | -0.946**<br>(-1.97) | -0.556<br>(-1.33) |
| *Amount* | -0.136**<br>(-2.46) | -0.140**<br>(-2.52) | -0.171***<br>(-3.51) |
| *CreditRating* | -0.721***<br>(-13.99) | -0.718***<br>(-13.68) | -0.518***<br>(-10.18) |
| *Collateral* | 0.307***<br>(4.09) | 0.300***<br>(4.02) | 0.295***<br>(4.43) |
| *Maturity* | -0.474***<br>(-5.12) | -0.476***<br>(-5.12) | -0.375***<br>(-4.34) |
| *Covenants* | -0.044**<br>(-2.22) | -0.046**<br>(-2.34) | -0.047***<br>(-2.68) |

续表

| Panel A: | (1) | (2) | (3) |
|---|---|---|---|
| 被解释变量 | *Spreads* | | |
| IMR | -0.167<br>(-0.39) | -0.207<br>(-0.49) | -0.469<br>(-1.13) |
| Year | Yes | Yes | Yes |
| Industry | Yes | Yes | Yes |
| Adjueted $R^2$ | 0.648 | 0.648 | 0.707 |
| N | 805 | 805 | 805 |
| Panel B: | (1) | (2) | (3) |
| 被解释变量 | *Maturity* | | |
| Intercept | 5.512***<br>(3.46) | 5.327***<br>(3.33) | 5.163***<br>(3.20) |
| *CFRights* | 0.139**<br>(2.13) | | |
| *Separation* | | -0.034**<br>(-2.40) | |
| *State* | | | 0.025<br>(0.98) |
| *Size* | -0.022<br>(-0.45) | -0.014<br>(-0.29) | -0.010<br>(-0.21) |
| *LEV* | 0.001<br>(0.01) | -0.015<br>(-0.12) | -0.022<br>(-0.18) |
| *MTB* | 0.033**<br>(2.08) | 0.032**<br>(2.01) | 0.034**<br>(2.07) |
| *GRW* | -0.015<br>(-0.52) | -0.015<br>(-0.50) | -0.014<br>(-0.47) |
| *ROA* | -1.251***<br>(-2.94) | -1.207***<br>(-2.83) | -1.238***<br>(-2.89) |
| *Tangible* | 0.151<br>(1.62) | 0.161*<br>(1.73) | 0.143<br>(1.51) |
| *Big4* | -0.017<br>(-0.40) | -0.017<br>(-0.42) | -0.018<br>(-0.44) |

续表

| Panel B: | (1) | (2) | (3) |
|---|---|---|---|
| 被解释变量 | | *Maturity* | |
| *Duality* | 0.014<br>(0.55) | 0.008<br>(0.30) | 0.010<br>(0.40) |
| *IndDirectors* | 0.071<br>(0.41) | 0.084<br>(0.48) | 0.073<br>(0.42) |
| *Amount* | 0.002<br>(0.08) | 0.003<br>(0.16) | 0.003<br>(0.18) |
| *CreditRating* | -0.034<br>(-1.64) | -0.034*<br>(-1.66) | -0.034<br>(-1.64) |
| *Collateral* | 0.080***<br>(2.84) | 0.082***<br>(2.95) | 0.082***<br>(2.90) |
| *Spreads* | -0.063***<br>(-5.02) | -0.062***<br>(-4.92) | -0.060***<br>(-4.24) |
| *Covenants* | 0.045***<br>(6.22) | 0.046***<br>(6.35) | 0.045***<br>(6.21) |
| IMR | -0.230<br>(-1.41) | -0.216<br>(-1.32) | -0.206<br>(-1.26) |
| Year | Yes | Yes | Yes |
| Industry | Yes | Yes | Yes |
| Adjueted $R^2$ | 0.296 | 0.241 | 0.287 |
| N | 805 | 805 | 805 |
| Panel C: | (1) | (2) | (3) |
| 被解释变量 | | *Covenants* | |
| Intercept | 1.147<br>(0.48) | 1.184<br>(0.50) | 1.795<br>(0.75) |
| *CFRights* | -0.120<br>(-1.20) | | |
| *Separation* | | 0.053***<br>(2.88) | |
| *State* | | | -0.077*<br>(-1.87) |

续表

| Panel C: | (1) | (2) | (3) |
|---|---|---|---|
| 被解释变量 | *Covenants* | | |
| *Size* | -0.105<br>(-1.44) | -0.109<br>(-1.49) | -0.122*<br>(-1.67) |
| *LEV* | 0.490**<br>(2.56) | 0.497***<br>(2.64) | 0.518***<br>(2.75) |
| *MTB* | 0.019<br>(0.78) | 0.019<br>(0.81) | 0.018<br>(0.76) |
| *GRW* | 0.028<br>(0.60) | 0.028<br>(0.59) | 0.024<br>(0.51) |
| *ROA* | 0.482<br>(0.70) | 0.402<br>(0.59) | 0.405<br>(0.58) |
| *Tangible* | -0.052<br>(-0.39) | -0.073<br>(-0.56) | -0.028<br>(-0.21) |
| *Big4* | -0.013<br>(-0.20) | -0.015<br>(-0.23) | -0.013<br>(-0.20) |
| *Duality* | 0.007<br>(0.16) | 0.013<br>(0.31) | 0.006<br>(0.14) |
| *IndDirectors* | -0.050<br>(-0.18) | -0.062<br>(-0.22) | -0.039<br>(-0.14) |
| *Amount* | 0.028<br>(1.01) | 0.026<br>(0.94) | 0.022<br>(0.78) |
| *CreditRating* | -0.086***<br>(-2.59) | -0.084**<br>(-2.50) | -0.080**<br>(-2.37) |
| *Collateral* | -0.118***<br>(-2.81) | -0.117***<br>(-2.79) | -0.116***<br>(-2.74) |
| *Spreads* | -0.047**<br>(-2.20) | -0.050**<br>(-2.32) | -0.061***<br>(-2.71) |
| *Maturity* | 0.429***<br>(6.70) | 0.431***<br>(6.74) | 0.428***<br>(6.73) |
| IMR | -0.108<br>(-0.45) | -0.109<br>(-0.46) | -0.153<br>(-0.63) |

续表

| Panel C: | (1) | (2) | (3) |
|---|---|---|---|
| 被解释变量 | *Covenants* | | |
| Year | Yes | Yes | Yes |
| Industry | Yes | Yes | Yes |
| Pseudo $R^2$ | 0.052 | 0.053 | 0.052 |
| N | 805 | 805 | 805 |

注：括号内值为 t 值和 z 值；***、**、* 分别表示在 1%、5%、10% 的水平上显著。

（2）遗漏变量的内生性问题。为解决终极所有权结构与债券契约条款间因遗漏变量产生的内生性问题，本章还使用了工具变量法检验两者的关系。依据本章的研究问题，有效的工具变量需要满足两个条件：①工具变量与上市公司终极所有权结构具有相关性；②工具变量与债券契约条款无关，且只能通过上市公司的终极所有权结构影响公司的债券契约条款。借鉴以往文献对所有权结构的定义（Laeven and Levine，2009；Paligorova and Xu，2012；Ben - Nasr et al.，2015），本书使用上市公司期初所处同行业同地区中上市公司所有权结构的平均值作为上市公司所有权结构的工具变量，采用两阶段最小二乘（2SLS）回归对内生性问题进行检验。①

表 4 - 13 呈现的是以上市公司期初所处同行业同地区中终极控制股东的现金流量权与两权分离度的平均值为工具变量的 2SLS 回归。表 4 - 13 第（1）~（3）列显示的为终极控制股东现金流量权工具变量（*CFRights_ IV*）的 2SLS 回归，由此可见，在考虑遗漏变量产生的内生性问题后，现金流量权仍然与债券发行利差在 10% 的水平上呈显著负相关关系，与债券发行期限在 5% 的水平上呈显著正相关关系，与债券限制性条款强度间系数为负但并不显著，所有结果均与以往结果一致。表 4 - 13 第（4）~（6）列显示的为终极控制股东两权分离度工具变量（*Separation_ IV*）的 2SLS 回归，由此可见，在考虑遗漏变量产生的内生性问题后，两权分离度与债券发行利差在 10% 的水平上显著正相关，与债券发

① 参考 Lin 等（2011；2013）的相关研究，本书仅考虑终极控制股东现金流量权与两权分离度工具变量，并使用工具变量检验终极控制股东现金流量权、两权分离度与债券契约条款间的内生性问题。

行期限在 5% 的水平上显著负相关，与限制性条款强度在 10% 的水平上显著正相关，所有结果均与以往结果一致。由此可见，在控制了遗漏变量产生的内生性问题后，我们的实证结果依旧成立。

**表 4-13 两阶段最小二乘回归**

| 变量 | *Spreads*<br>(1) | *Maturity*<br>(2) | *Covenants*<br>(3) | *Spreads*<br>(4) | *Maturity*<br>(5) | *Covenants*<br>(6) |
|---|---|---|---|---|---|---|
| Intercept | 13.702 ***<br>(10.62) | 3.569 ***<br>(8.77) | -0.541<br>(-0.23) | 12.984 ***<br>(11.63) | 3.375 ***<br>(8.51) | 0.069<br>(0.03) |
| *CFRights_ IV* | -0.895 *<br>(-1.66) | 0.461 **<br>(2.23) | -1.294<br>(-1.21) | | | |
| *Separation_ IV* | | | | 0.099 *<br>(1.73) | -0.053 **<br>(-2.12) | 0.224 *<br>(1.78) |
| *Size* | -0.129 ***<br>(-2.58) | 0.017<br>(0.97) | -0.196 **<br>(-2.13) | -0.093 **<br>(-2.33) | 0.036 **<br>(2.20) | -0.248 ***<br>(-3.29) |
| *LEV* | 1.288 ***<br>(3.75) | 0.150<br>(1.41) | 1.536 ***<br>(2.66) | 1.084 ***<br>(3.90) | 0.065<br>(0.64) | 1.761 ***<br>(3.47) |
| *MTB* | 0.034<br>(0.50) | 0.039 *<br>(1.84) | 0.040<br>(0.31) | 0.026<br>(0.40) | 0.039 *<br>(1.91) | 0.037<br>(0.30) |
| *GRW* | 0.411 ***<br>(3.20) | -0.000<br>(-0.00) | 0.108<br>(0.64) | 0.397 ***<br>(3.33) | -0.000<br>(-0.01) | 0.106<br>(0.63) |
| *ROA* | -4.193 ***<br>(-3.66) | -1.302 ***<br>(-2.92) | 3.235<br>(1.40) | -4.241 ***<br>(-3.80) | -1.285 ***<br>(-2.94) | 3.059<br>(1.32) |
| *Tangible* | -0.522 **<br>(-2.50) | 0.097<br>(1.16) | -0.186<br>(-0.46) | -0.529 ***<br>(-2.71) | 0.120<br>(1.44) | -0.274<br>(-0.68) |
| *Big4* | -0.233 ***<br>(-2.73) | -0.057 *<br>(-1.68) | -0.046<br>(-0.29) | -0.233 ***<br>(-2.79) | -0.057 *<br>(-1.73) | -0.049<br>(-0.31) |
| *Duality* | 0.124<br>(1.22) | 0.027<br>(1.03) | -0.029<br>(-0.18) | 0.089<br>(0.92) | 0.007<br>(0.31) | 0.029<br>(0.19) |
| *IndDirectors* | -0.855<br>(-1.57) | 0.058<br>(0.35) | 0.068<br>(0.07) | -0.797<br>(-1.57) | 0.091<br>(0.55) | -0.033<br>(-0.03) |
| *Amount* | -0.198 ***<br>(-3.42) | 0.002<br>(0.13) | 0.090<br>(0.97) | -0.204 ***<br>(-3.51) | 0.001<br>(0.07) | 0.089<br>(0.97) |

续表

| 变量 | *Spreads* (1) | *Maturity* (2) | *Covenants* (3) | *Spreads* (4) | *Maturity* (5) | *Covenants* (6) |
|---|---|---|---|---|---|---|
| *CreditRating* | -0.715 *** | 0.027 | -0.446 ** | -0.666 *** | 0.026 | -0.426 ** |
| | (-7.89) | (0.77) | (-2.37) | (-7.52) | (0.74) | (-2.26) |
| *Collateral* | -0.069 | 0.051 ** | -0.480 *** | -0.037 | 0.063 ** | -0.504 *** |
| | (-0.84) | (1.97) | (-3.58) | (-0.49) | (2.56) | (-3.86) |
| *Spreads* | | -0.042 *** | -0.124 * | | -0.046 *** | -0.120 * |
| | | (-3.41) | (-1.86) | | (-3.99) | (-1.77) |
| *Maturity* | -0.484 *** | | 1.424 *** | -0.441 *** | | 1.407 *** |
| | (-4.44) | | (7.51) | (-4.28) | | (7.56) |
| *Covenants* | -0.029 | 0.048 *** | | -0.035 | 0.049 *** | |
| | (-1.28) | (6.76) | | (-1.63) | (6.98) | |
| Year | Yes | Yes | Yes | Yes | Yes | Yes |
| Industry | Yes | Yes | Yes | Yes | Yes | Yes |
| Adjueted $R^2$ | 0.540 | 0.263 | 0.252 | 0.478 | 0.289 | 0.264 |
| N | 805 | 805 | 805 | 805 | 805 | 805 |

注：括号内值为 t 值；***、**、* 分别表示在 1%、5%、10% 的水平上显著。

## 4.3 稳健性检验

### 4.3.1 对公司和年度进行双重聚类调整

本章的基本分析使用的普通最小二乘法（OLS）和泊松回归（Poisson）。为得到更为稳健的结论，我们参考 Petersen（2009）的做法，对所有模型采用公司和年度的双重聚类调整标准误来进行回归。检验结果如表 4-14 所示。由表 4-14 可见，在对样本的公司和年度进行双重聚类调整标准误后，除终极控制股权现金流量权与债券发行期限正相关但不显著，与以往研究不符合外，其他研究结论均与以往研究结论一致，说明采用双重聚类调整标准误后，回归结果仍然支持前文研究。

**表 4－14　对公司和年度的双重聚类调整**

| Panel A： | (1) | (2) | (3) |
|---|---|---|---|
| 被解释变量 | *Spreads* | | |
| Intercept | 12.685 *** | 12.930 *** | 12.008 *** |
| | (12.29) | (11.84) | (12.23) |
| *CFRights* | －0.551 ** | | |
| | (－2.51) | | |
| *Separation* | | 0.125 *** | |
| | | (3.46) | |
| *State* | | | －1.000 *** |
| | | | (－6.55) |
| *Size* | －0.070 | －0.093 | －0.069 |
| | (－0.77) | (－1.13) | (－1.22) |
| *LEV* | 0.979 *** | 1.076 *** | 1.180 *** |
| | (2.87) | (2.95) | (4.43) |
| *MTB* | 0.027 | 0.024 | 0.013 |
| | (0.34) | (0.32) | (0.27) |
| *GRW* | 0.396 * | 0.394 * | 0.256 |
| | (1.68) | (1.67) | (1.22) |
| *ROA* | －4.182 *** | －4.274 *** | －4.457 ** |
| | (－3.03) | (－3.11) | (－2.23) |
| *Tangible* | －0.495 *** | －0.543 *** | －0.214 |
| | (－3.18) | (－3.08) | (－1.60) |
| *Big4* | －0.232 * | －0.233 * | －0.267 ** |
| | (－1.68) | (－1.69) | (－2.43) |
| *Duality* | 0.065 | 0.090 | －0.007 |
| | (1.11) | (1.50) | (－0.17) |
| *IndDirectors* | －0.754 | －0.799 | －0.401 |
| | (－0.91) | (－0.97) | (－0.68) |

续表

| Panel A: | (1) | (2) | (3) |
|---|---|---|---|
| 被解释变量 | | *Spreads* | |
| *Amount* | -0.204 ***<br>(-3.34) | -0.205 ***<br>(-3.39) | -0.222 ***<br>(-4.82) |
| *CreditRating* | -0.668 ***<br>(-4.01) | -0.654 ***<br>(-4.31) | -0.367 ***<br>(-5.20) |
| *Collateral* | -0.025<br>(-0.33) | -0.034<br>(-0.48) | 0.073<br>(1.01) |
| *Maturity* | -0.434 **<br>(-2.46) | -0.435 **<br>(-2.32) | -0.331 **<br>(-2.27) |
| *Covenants* | -0.033<br>(-1.18) | -0.037<br>(-1.23) | -0.039 **<br>(-2.47) |
| Year | Yes | Yes | Yes |
| Industry | Yes | Yes | Yes |
| Adjueted $R^2$ | 0.570 | 0.569 | 0.667 |
| N | 805 | 805 | 805 |
| Panel B: | (1) | (2) | (3) |
| 被解释变量 | | *Maturity* | |
| Intercept | 3.440 ***<br>(8.79) | 3.493 ***<br>(8.63) | 3.369 ***<br>(8.57) |
| *CFRights* | 0.119<br>(1.36) | | |
| *Separation* | | -0.033 ***<br>(-5.62) | |
| *State* | | | 0.013<br>(0.46) |
| *Size* | 0.031<br>(1.27) | 0.035<br>(1.27) | 0.036<br>(1.37) |
| *LEV* | 0.084<br>(0.43) | 0.028<br>(0.16) | 0.057<br>(0.27) |
| *MTB* | 0.037<br>(1.60) | 0.042 ***<br>(2.72) | 0.037<br>(1.60) |

续表

| Panel B： | （1） | （2） | （3） |
|---|---|---|---|
| 被解释变量 | *Maturity* | | |
| *GRW* | -0.001<br>（-0.04） | -0.008<br>（-0.36） | -0.001<br>（-0.02） |
| *ROA* | -1.341 ***<br>（-4.27） | -0.923 ***<br>（-3.09） | -1.337 ***<br>（-4.43） |
| *Tangible* | 0.101<br>（1.13） | 0.114<br>（1.38） | 0.101<br>（1.13） |
| *Big4* | -0.059 *<br>（-1.76） | -0.042<br>（-1.23） | -0.058 *<br>（-1.69） |
| *Duality* | 0.014<br>（0.76） | 0.016<br>（0.73） | 0.010<br>（0.51） |
| *IndDirectors* | 0.077<br>（0.19） | 0.166<br>（0.42） | 0.081<br>（0.19） |
| *Amount* | -0.000<br>（-0.00） | -0.008<br>（-0.34） | -0.000<br>（-0.00） |
| *CreditRating* | 0.034<br>（0.61） | 0.028<br>（0.39） | 0.035<br>（0.58） |
| *Collateral* | 0.062 **<br>（2.31） | 0.041 **<br>（2.00） | 0.064 ***<br>（2.59） |
| *Spreads* | -0.049 ***<br>（-3.84） | -0.044 ***<br>（-3.17） | -0.048 ***<br>（-2.94） |
| *Covenants* | 0.047 ***<br>（5.06） | 0.051 ***<br>（5.43） | 0.047 ***<br>（5.04） |
| Year | Yes | Yes | Yes |
| Industry | Yes | Yes | Yes |
| Adjueted $R^2$ | 0.291 | 0.238 | 0.288 |
| N | 805 | 805 | 805 |
| Panel C： | （1） | （2） | （3） |
| 被解释变量 | *Covenants* | | |
| Intercept | -0.025<br>（-0.03） | 0.031<br>（0.04） | 0.169<br>（0.23） |

续表

| Panel C: | (1) | (2) | (3) |
|---|---|---|---|
| 被解释变量 | *Covenants* | | |
| *CFRights* | -0.103<br>(-0.94) | | |
| *Separation* | | 0.050**<br>(2.56) | |
| *State* | | | -0.071*<br>(-1.66) |
| *Size* | -0.075***<br>(-2.62) | -0.080***<br>(-2.87) | -0.079***<br>(-2.83) |
| *LEV* | 0.519***<br>(2.97) | 0.527***<br>(3.07) | 0.561***<br>(3.29) |
| *MTB* | 0.013<br>(0.34) | 0.011<br>(0.29) | 0.012<br>(0.33) |
| *GRW* | 0.033<br>(0.66) | 0.033<br>(0.67) | 0.030<br>(0.59) |
| *ROA* | 0.967<br>(1.33) | 0.902<br>(1.25) | 0.880<br>(1.21) |
| *Tangible* | -0.054<br>(-0.43) | -0.075<br>(-0.60) | -0.043<br>(-0.34) |
| *Big4* | -0.018<br>(-0.31) | -0.019<br>(-0.33) | -0.024<br>(-0.42) |
| *Duality* | 0.001<br>(0.03) | 0.007<br>(0.17) | -0.000<br>(-0.00) |
| *IndDirectors* | -0.002<br>(-0.01) | -0.014<br>(-0.05) | 0.003<br>(0.01) |
| *Amount* | 0.030<br>(1.03) | 0.029<br>(0.98) | 0.026<br>(0.87) |
| *CreditRating* | -0.149**<br>(-2.32) | -0.138**<br>(-2.12) | -0.138**<br>(-2.13) |
| *Collateral* | -0.154***<br>(-3.69) | -0.152***<br>(-3.62) | -0.149***<br>(-3.55) |

续表

| Panel C: | (1) | (2) | (3) |
|---|---|---|---|
| 被解释变量 | *Covenants* | | |
| *Spreads* | -0.031<br>(-1.37) | -0.034<br>(-1.47) | -0.045 *<br>(-1.84) |
| *Maturity* | 0.455 ***<br>(6.51) | 0.456 ***<br>(6.56) | 0.454 ***<br>(6.54) |
| Year | Yes | Yes | Yes |
| Industry | Yes | Yes | Yes |
| N | 805 | 805 | 805 |

注：括号内值为 t 值和 z 值；*** 、** 、* 分别表示在 1%、5%、10%的水平上显著。

### 4.3.2　更换限制性条款强度的度量

在主要回归检验中本章主要使用限制性条款的数量加总度量限制性条款强度。稳健性检验中，本书借鉴 Billett 等（2007）、史永东和田渊博（2016）、史永东等（2017）、陈超和李镕伊（2014）的方法，构建两种限制性条款的强度指数。第一种限制性条款强度指数（*CIndex*）的计算方法为：以债券发行契约中的限制性条款分类为基础，若任一大类中至少存在一条限制性条款则记为 1，否则为 0，进而形成五个 0－1 变量的公司债券限制性条款大类。再将所有为 1 的变量加总后再除以 5，从而得到每一只公司债券的限制性条款强度指标。显然，限制性条款的强度在 0～1，数值越大，代表限制性条款的设计越严格。第二种限制性条款强度指数（*WCIndex*）的计算方法为：限制性条款在每一大类中个数的加权得分总和，再除以大类个数。具体计算步骤为：

第一步：计算限制性条款在某一大类条款类别上的得分：

$$i\text{ 条款在 }j\text{ 类型上的得分} = \frac{i\text{ 限制性条款中属于 }j\text{ 类型条款的个数}}{\text{样本中出现 }j\text{ 类型条款的总个数}}$$

第二步：计算公司债限制性条款强度：

$$WCIndex = \sum_{j=1}^{5} \frac{1}{5} \times i\text{ 公司债限制性条款在 }j\text{ 类型上的得分}$$

显然，加权的限制性条款强度指数同样在 0～1，指数越大，表示限制性条款越严格，从而对债券投资者的保护程度越高。回归结果如表 4 - 15 所示。表 4 - 15 显示，所有结果均与表 4 - 10 一致。

**表 4 - 15 更换限制性条款强度的度量方式**

| 被解释变量 | (1) | (2) | (3) | (4) | (5) | (6) |
|---|---|---|---|---|---|---|
| | *CIndex* | | | *WCIndex* | | |
| Intercept | 0.288<br>(0.92) | 0.282<br>(0.90) | 0.314<br>(1.00) | 0.323<br>(1.01) | 0.316<br>(1.00) | 0.353<br>(1.11) |
| *CFRights* | 0.037<br>(0.72) | | | 0.041<br>(0.76) | | |
| *Separation* | | 0.017*<br>(1.69) | | | 0.021*<br>(1.91) | |
| *State* | | | -0.041*<br>(-1.93) | | | -0.047**<br>(-2.13) |
| *Size* | -0.010<br>(-0.94) | -0.009<br>(-0.83) | -0.011<br>(-0.98) | -0.014<br>(-1.22) | -0.012<br>(-1.11) | -0.014<br>(-1.28) |
| *LEV* | 0.219***<br>(2.75) | 0.208***<br>(2.66) | 0.226***<br>(2.89) | 0.237***<br>(2.90) | 0.225***<br>(2.83) | 0.245***<br>(3.10) |
| *MTB* | -0.006<br>(-0.30) | -0.007<br>(-0.39) | -0.008<br>(-0.43) | -0.003<br>(-0.13) | -0.004<br>(-0.23) | -0.005<br>(-0.27) |
| *GRW* | 0.025<br>(0.99) | 0.024<br>(0.97) | 0.020<br>(0.83) | 0.023<br>(0.89) | 0.022<br>(0.86) | 0.018<br>(0.70) |
| *ROA* | 0.376<br>(1.15) | 0.345<br>(1.06) | 0.376<br>(1.15) | 0.451<br>(1.35) | 0.414<br>(1.25) | 0.452<br>(1.36) |
| *Tangible* | -0.027<br>(-0.44) | -0.033<br>(-0.56) | -0.014<br>(-0.23) | 0.004<br>(0.07) | -0.004<br>(-0.07) | 0.018<br>(0.30) |
| *Big4* | -0.020<br>(-0.87) | -0.021<br>(-0.92) | -0.022<br>(-0.94) | -0.023<br>(-0.94) | -0.024<br>(-1.00) | -0.025<br>(-1.03) |
| *Duality* | 0.007<br>(0.28) | 0.006<br>(0.25) | 0.002<br>(0.08) | 0.015<br>(0.59) | 0.014<br>(0.57) | 0.009<br>(0.37) |
| *IndDirectors* | 0.100<br>(0.69) | 0.099<br>(0.69) | 0.113<br>(0.79) | 0.057<br>(0.38) | 0.055<br>(0.37) | 0.072<br>(0.48) |

续表

| 被解释变量 | (1) | (2) | (3) | (4) | (5) | (6) |
|---|---|---|---|---|---|---|
| | *CIndex* | | | *WCIndex* | | |
| *Amount* | -0.007<br>(-0.52) | -0.008<br>(-0.62) | -0.008<br>(-0.59) | -0.006<br>(-0.46) | -0.008<br>(-0.58) | -0.008<br>(-0.54) |
| *CreditRating* | -0.049*<br>(-1.80) | -0.044<br>(-1.57) | -0.041<br>(-1.48) | -0.044<br>(-1.58) | -0.038<br>(-1.33) | -0.035<br>(-1.24) |
| *Collateral* | -0.058***<br>(-3.29) | -0.056***<br>(-3.19) | -0.048***<br>(-2.65) | -0.065***<br>(-3.62) | -0.063***<br>(-3.51) | -0.054***<br>(-2.94) |
| *Spreads* | 0.146***<br>(5.23) | -0.018*<br>(-1.96) | 0.151***<br>(5.45) | 0.142***<br>(5.06) | -0.021**<br>(-2.18) | 0.147***<br>(5.32) |
| *Maturity* | -0.016*<br>(-1.73) | 0.147***<br>(5.29) | -0.023**<br>(-2.34) | -0.018*<br>(-1.91) | 0.143***<br>(5.12) | -0.027***<br>(-2.62) |
| Year | Yes | Yes | Yes | Yes | Yes | Yes |
| Industry | Yes | Yes | Yes | Yes | Yes | Yes |
| Adjueted $R^2$ | 0.158 | 0.161 | 0.162 | 0.156 | 0.160 | 0.161 |
| N | 805 | 805 | 805 | 805 | 805 | 805 |

注：括号内值为z值；***、**、*分别表示在1%、5%、10%的水平上显著。

### 4.3.3 针对同一家公司一年内发行多只公司债的处理

由于同一家债券发行公司一年内可能发行多只公司债，为避免重复样本对回归结果产生的影响，本书借鉴 Mansi 等（2011）、Ge 和 Kim（2014）、Gong 等（2018）的研究，以样本当年发行多只公司债券的发行量为权重，计算加权后的债券发行利差、债券发行期限和限制性条款强度，再进行回归检验。回归中不包括 *Amount*、*CreditRating* 和 *Collateral* 变量，回归结果如表4-16所示。结果显示，表4-16的 Panel A 和 Panel C 结果分别与表4-8和表4-10的结果一致，说明本书中终极所有权结构对债券发行利差和债券限制性条款强度的结论没有发现变化。在 Panel B 中，两权分离度的系数显著为负，结果与表4-9一致，然而，现金流量权的系数为正但并不显著，结果与表4-9中不一致。

表 4-16　针对同一家公司一年内发行多只公司债的处理

| Panel A：<br>被解释变量 | (1) | (2) | (3) |
|---|---|---|---|
| | Spreads | | |
| Intercept | 12.836***<br>(12.58) | 13.010***<br>(12.99) | 11.128***<br>(12.15) |
| *CFRights* | -0.730***<br>(-3.04) | | |
| *Separation* | | 0.135***<br>(2.78) | |
| *State* | | | -0.974***<br>(-12.46) |
| *Size* | -0.294***<br>(-7.95) | -0.316***<br>(-8.94) | -0.248***<br>(-7.26) |
| *LEV* | 1.243***<br>(3.74) | 1.319***<br>(4.04) | 1.425***<br>(4.88) |
| *MTB* | -0.011<br>(-0.16) | -0.012<br>(-0.18) | 0.001<br>(0.02) |
| *GRW* | 0.395***<br>(2.97) | 0.400***<br>(3.00) | 0.259**<br>(2.17) |
| *ROA* | -4.680***<br>(-3.60) | -4.862***<br>(-3.80) | -4.969***<br>(-4.18) |
| *Tangible* | -0.486**<br>(-2.10) | -0.544**<br>(-2.34) | -0.159<br>(-0.75) |
| *Big4* | -0.282***<br>(-2.60) | -0.277***<br>(-2.59) | -0.332***<br>(-3.41) |
| *Duality* | 0.086<br>(0.76) | 0.117<br>(1.06) | 0.022<br>(0.22) |
| *IndDirectors* | -0.447<br>(-0.73) | -0.578<br>(-0.95) | -0.239<br>(-0.46) |
| *Maturity* | -0.612***<br>(-4.37) | -0.610***<br>(-4.30) | -0.463***<br>(-3.69) |
| *Covenants* | 0.003<br>(0.14) | 0.001<br>(0.03) | -0.015<br>(-0.76) |

续表

| Panel A:<br>被解释变量 | (1) | (2) | (3) |
|---|---|---|---|
| | *Spreads* | | |
| Year | Yes | Yes | Yes |
| Industry | Yes | Yes | Yes |
| Adjueted $R^2$ | 0.528 | 0.526 | 0.630 |
| N | 652 | 652 | 652 |
| Panel B:<br>被解释变量 | (1) | (2) | (3) |
| | *Maturity* | | |
| Intercept | 3.722 ***<br>(10.68) | 3.703 ***<br>(10.65) | 3.681 ***<br>(10.46) |
| *CFRights* | 0.098<br>(1.49) | | |
| *Separation* | | -0.034 **<br>(-2.41) | |
| *State* | | | 0.018<br>(0.69) |
| *Size* | 0.023 *<br>(1.71) | 0.026 *<br>(1.91) | 0.026 *<br>(1.91) |
| *LEV* | 0.145<br>(1.42) | 0.138<br>(1.34) | 0.126<br>(1.21) |
| *MTB* | 0.025<br>(1.17) | 0.026<br>(1.24) | 0.024<br>(1.12) |
| *GRW* | 0.000<br>(0.01) | 0.000<br>(0.01) | 0.000<br>(0.01) |
| *ROA* | -1.049 ***<br>(-2.61) | -1.011 **<br>(-2.52) | -1.019 **<br>(-2.52) |
| *Tangible* | 0.105<br>(1.19) | 0.117<br>(1.33) | 0.103<br>(1.15) |
| *Big4* | -0.084 **<br>(-2.36) | -0.083 **<br>(-2.36) | -0.083 **<br>(-2.33) |
| *Duality* | -0.001<br>(-0.02) | -0.005<br>(-0.19) | -0.003<br>(-0.13) |

续表

| Panel B：被解释变量 | (1) | (2) | (3) |
|---|---|---|---|
| | *Maturity* | | |
| *IndDirectors* | 0.201<br>(1.14) | 0.219<br>(1.25) | 0.214<br>(1.21) |
| *Spreads* | -0.052***<br>(-4.40) | -0.051***<br>(-4.22) | -0.051***<br>(-3.66) |
| *Covenants* | 0.041***<br>(5.41) | 0.042***<br>(5.57) | 0.041***<br>(5.38) |
| Year | Yes | Yes | Yes |
| Industry | Yes | Yes | Yes |
| Adjueted $R^2$ | 0.305 | 0.310 | 0.302 |
| N | 652 | 652 | 652 |
| Panel C：被解释变量 | (1) | (2) | (3) |
| | *Covenants* | | |
| Intercept | -1.172<br>(-0.50) | -1.112<br>(-0.49) | -0.640<br>(-0.28) |
| *CFRights* | -0.596<br>(-1.44) | | |
| *Separation* | | 0.196**<br>(2.49) | |
| *State* | | | -0.368**<br>(-2.35) |
| *Size* | -0.212***<br>(-2.69) | -0.228***<br>(-3.01) | -0.228***<br>(-2.98) |
| *LEV* | 1.610***<br>(2.69) | 1.644***<br>(2.79) | 1.821***<br>(3.12) |
| *MTB* | 0.045<br>(0.31) | 0.039<br>(0.28) | 0.052<br>(0.36) |
| *GRW* | 0.045<br>(0.24) | 0.045<br>(0.25) | 0.030<br>(0.16) |
| *ROA* | 4.166<br>(1.55) | 3.936<br>(1.48) | 3.621<br>(1.33) |

续表

| Panel C：<br>被解释变量 | (1) | (2) | (3) |
| --- | --- | --- | --- |
| | Covenants | | |
| *Tangible* | -0.147<br>(-0.31) | -0.218<br>(-0.46) | -0.070<br>(-0.14) |
| *Big4* | -0.047<br>(-0.24) | -0.046<br>(-0.23) | -0.083<br>(-0.42) |
| *Duality* | 0.060<br>(0.34) | 0.085<br>(0.50) | 0.058<br>(0.33) |
| *IndDirectors* | 0.323<br>(0.26) | 0.212<br>(0.17) | 0.299<br>(0.24) |
| *Spreads* | 0.010<br>(0.14) | 0.002<br>(0.03) | -0.062<br>(-0.76) |
| *Maturity* | 1.598 ***<br>(6.43) | 1.604 ***<br>(6.51) | 1.588 ***<br>(6.45) |
| Year | Yes | Yes | Yes |
| Industry | Yes | Yes | Yes |
| Adjueted $R^2$ | 0.217 | 0.222 | 0.220 |
| N | 652 | 652 | 652 |

注：括号内值为 t 值；***、**、*分别表示在 1%、5%、10% 的水平上显著。

## 4.4　本章小结

中国公司债券市场自 2007 年成立至今，已有十余年。随着公司债券市场的不断壮大，债券融资对于中国上市公司来说越来越重要。与此同时，债券契约条款作为缓解公司内部人与外部债券投资者之间的重要指标，也受到实务界与理论界的关注。如何设计一个合理、规范的债券契约已成为中国金融市场建设亟待解决的关键问题。终极控制股东与外部投资者间的代理冲突和信息不对称问题是现代公司治理的主要问题，会对债券契约条款的设计产生显著影响。本章基于代理冲突视角和信息不对称视角理论研究了终极所有权结构（现金流量权、控制权与现金流量权的分离度、终极控制股东类型）对中国公司债券契约条款的影响。本章选取了2008～2016年A股上市公司在深沪证券交易所公开发行的公司债券作为研究样本，以OLS和Poisson模型进行实证回归，检验终极所有权结构对债券契约的影响。本章研究表明：

（1）公司终极控制股东的现金流量权越高，债券发行时的发行利差越低。这表明终极控制股东现金流量权越高，其以追求公司价值最大化为经营目标的动机越强，公司内部人与外部投资者间利益越趋同，进而降低内外投资者的代理冲突。同时，提升的现金流量权会激励终极控制股东对公司进行有效管理，提升公司信息披露质量，缓解其与债券投资者间的信息不对称，降低投资者的投资风险，增强投资者投资信心，进而降低债券投资者对债券风险补偿的要求。

（2）公司终极控制股东控制权与现金流量权的分离度越高，债券发行时的契约条款越严格，即公司债券的发行利差越高、债券发行期限越短、限制性条款强度越高。这说明两权分离度越大，终极控制股东获取私有收益的能力越强，而所需承担的成本越小，使其进行掠夺行为的动机也越强烈，代理风险较高。同时，两权分离度的增加会促使终极控制股东通过操纵会计盈余掩盖真实“隧道”行为，进而增强内部人与外部投资者间的信息不对称，增强债券投资者投资风险，进而提升债券投资者对契约条款的要求。

（3）当终极控制股东性质为国有属性时，公司债券契约条款越宽松，即债券发行利差越低，限制性条款强度越低。这一研究结果说明相比于非国有企业，国有企业内部人为追求自由收益进行掏空行为的可能性更低。同时，与国有银行拥有相同控制股东的国有企业更容易获取更多长期的银行贷款，缓解公司融资压力，降低企业的债券违约风险。因此，国有企业的产权性质会增加债券投资者对债券信用质量的信心，进而降低债券投资者对契约条款的要求。

针对选择性样本偏差产生的内生性问题，本书使用Heckman两阶段模型来缓解，在控制了选择样本偏差的内生性问题后，所有结论依旧成立。同时本书采用上市公司期初所处同行业同地区中上市公司所有权结构的平均值作为上市公司

所有权结构的工具变量，采用两阶段最小二乘（2SLS）对主要模型进行回归，发现在控制了遗漏变量内生性问题后，本书的结果依旧成立。此外，本书还进行了一系列稳健性检验，在所有稳健性检验中，所有结论均基本成立，这说明本书结论是相对稳健的。

# 第5章　制度环境对债券契约条款的影响

近年来，随着“法与金融”研究的兴起，学者们逐渐关注法律法规、执法效率、金融发展、投资者保护等制度环境对债务契约的影响（Awartani et al.，2016；Qi and Wald，2008；Qi et al.，2011）。良好的制度环境可以有效缓解交易双方间的信息不对称问题和代理问题，相反地，较差的制度环境会加剧交易双方间的信息不对称问题并提升交易成本（Meyer，2001）。中国自1978年开始实施经济改革至今，已有40多年。成功的市场化改革促使中国环境发生巨大变化，现如今，中国已超越日本，成为仅次于美国的世界第二大经济体。然而，尽管中国在过去40多年经历着经济迅速增长，但中国的市场化改革尚未完成，各地市场化进程存在显著差异，导致地区制度环境差异巨大。参考以往文献（Demirgüç－Kunt and Maksimovic，1998，1999；Boubakri and Ghouma，2010；Awartani et al.，2016），本章从法律环境、金融发展、政府质量、社会信任四个方面度量制度环境。本章首先分析法律环境、金融发展、政府质量和社会信任与公司债券契约条款关系的理论基础，并提出相应假设。第二部分对研究样本、相关变量和实证研究模型等进行说明。同时在第二部分详细探讨了本章的实证结果及内生性问题。此外，本章还在第三部分进行了稳健性检验。最后在第四部分进行了本章小结。

## 5.1　理论分析与研究假设

### 5.1.1　法律环境对债券契约条款的影响

法律条款和执法效率组成了一个国家的投资者保护环境（La Porta et al.，

1997)。前者降低投资者受内部人掠夺产生的风险，后者降低投资者在公司违约后产生的损失。终极控制股东与外部债权人之间的代理冲突是现代公司治理中的主要问题之一。当掌握绝对控制权的终极控制股东时，很可能使用手中控制权掠夺外部债权人的利益。当国家的投资者保护程度较高时，内部人的淘空能力降低，外部投资者愿意以宽松的条款为公司提供资金，此时公司更容易进行债务和权益融资。反之，当国家的投资者保护程度较低时，资本市场的规模较小且不活跃（La Porta et al.，1997；La Porta et al.，2002）。Shleifer 和 Vishny（1997）发现，投资者法律保护能够有效约束管理者的自利行为，从而降低公司内部的代理冲突。在法律环境良好的地区，司法和行政执法水平较高，严格的法律制度使公司内部人掠夺公司财富时需付出更高的法律风险和成本，进而降低内部人利用控制权获取私有收益的动机（肖作平和廖理，2012）。同时，良好的法律环境伴随着较多的地区诉讼和较高的执法效率，即使公司内部人因掠夺行为导致债券不能按期、足额偿还当期债券本息，债券投资者有权通过诉讼等程序强制要求公司偿付债券本息，并参与公司的整顿、和解、重组或破产等法律程序中。此时，由于较高的掠夺风险和掠夺成本，终极控制股东的自利动机会受到削弱。反之，在法律环境较差的地区，监管机制存在漏洞，司法诉讼效率低下，内部人因掠夺行为所承受的风险与成本较小，外部债权人的权益难以得到有效保护，终极控制股东与外部债权人之间的代理冲突更加严重。此时，债券投资者会要求更高的风险溢价。

良好的法律环境不仅能缓解终极控制股东与外部债权人之间的代理冲突，同时也能降低两者之间的信息不对称问题。相比于美国等发达国家，在新兴市场国家，信息披露的法律法规尚存在漏洞，此时市场的信息不对称问题更加严重。为了掩盖公司真实的经营业绩，终极控制股东倾向于利用与其经济利益一致的管理者操控会计信息，并通过滞后披露或披露不真实、无关信息降低公司信息环境，隐藏机会主义行为（Boubaker et al.，2014；Bao and Lewellyn，2017）。良好的法律环境能够限制内部人利用控制权掩饰经营业绩的能力，进而减少其实施盈余管理的动机。同时，在良好的法律环境背景下，市场的信息披露制度更为健全。一个强有力的信息披露制度可以有效提高公司的信息披露质量，以及增强市场投资者的投资信心。在法制环境较好的地区，若公司公开披露的会计信息不符合相关规则致使使用者遭受经济损失，将会面临较高的监管、诉讼风险和处罚、诉讼成本（方红星等，2017）。因此，法律环境越好的地区，公司与外部投资者之间的信息不对称程度越低，投资者对风险溢价的要求越低。

总体而言，良好的法律环境增加了内部人为追求控制权私有收益而产生了掠夺风险和掠夺成本，进而降低了终极控制股东的掠夺动机与能力，缓解了控股股东与债券投资者之间的代理冲突。同时，良好的法律环境会完善地区的信息披露制度，缓解终极控制股东与外部投资者之前的信息不对称问题。因此，良好的法律环境会减小债券投资者面临投资损失的可能性，从而缓解其对债券契约条款的要求。

据此，本书提出研究假设 H1：公司所处地区法律环境越好，公司债券契约条款越宽松，即债券发行利差越低，发行期限越长，限制性条款强度越低。

### 5.1.2 金融发展对债券契约条款的影响

债务契约的治理效应能够缓解债权人与股东之间的代理冲突，理性的债权人能够识别股东与管理者的掠夺动机，通过设计合理的债务契约条款缓解与内部人之间的代理冲突（Smith and Warner，1979）。债权人选择的契约条款受其获取信息能力的影响，当债权人能够及时获取充分的公司信息时，债权人可通过要求合理的债务契约保护自身利益。然而，当债权人没有能力获取充分信息时，信息不对称问题严重，债务契约的治理效应也相应减弱。因此，债权人获取信息的能力是债务契约发挥治理效应的关键所在。金融市场的健康发展有助于提高公司的信息披露水平和传播速度，外部投资者在活跃的金融市场中能够获取更多的公司信息，通过充分评估公司的风险，设计合理的债务契约，进而缓解公司内部人与外部投资者之间的信息不对称问题。相反，不完善的金融市场，特别是有缺陷的金融制度会阻碍信息流动与资源的有效分配，降低了投资者的投资信心，投资者在这类市场中会要求更高的风险溢价，进而提高公司的外部融资成本。Demirgüç - Kunt 和 Maksimovic（1998）研究发现，金融市场的发展有助于提高外部投资者获取信息的水平，增加投资者的投资信心，缓解公司的融资约束问题。Levine 和 Zervos（1998）研究指出，活跃的股票市场和银行市场有助于促进经济发展，帮助高成长性企业以更低的成本进行融资。Demirgüç - Kunt 和 Maksimovic（1999）

发现，股票价格部分反映了上市公司的实际信息，活跃的股票市场能够向债权人传递更多的有用信息。因此，在活跃的股票市场中，公司传递的信息能够降低债权人借款时的风险，增强债权人借款的信心，此时公司更容易获取长期借款。

金融市场中的机构投资者也是缓解内外投资者代理冲突、信息不对称问题的一个主要因素。活跃的金融市场会促进市场中机构投资者的发展，作为能够实施外部治理作用的主要利益相关者，成熟的机构投资者能够有效降低内部人实行掠夺行为的动机。Diamond（1984）指出，机构投资者，比如银行，能够在收集公司信息方面获取经济规模优势，因此，相比于其他小投资者，银行的信息收集能力有助于激励银行对借款人进行有效监督。机构投资者作为外部公司治理机制，能够削弱公司内部人的掏空动机与能力，增加公司的营运能力以及信息披露质量，机构投资者的监督管理职能能够减少公司与外部投资者之间的代理冲突和信息不对称问题（Bhojraj and Sengupta，2003）。长期的机构投资者能够提升公司的信息环境，有效降低管理者的个人帝国建造、无效投资等掠夺行为，缓解公司股东与管理者间的代理冲突，而债权人也可在机构投资者的一系列监管行为中获利（Huang and Petkevich，2016）。在我国金融发达地区，银行等机构投资者市场更为活跃，银行能够有效获取和传递借款企业的相关信息（余明桂和潘红波，2008），因而能够有效监管借款企业的经营活动。而在金融欠发达地区，机构投资者市场并不完善，机构投资者的外部公司治理作用较弱，公司内部人掏空动机更加严重。

总体而言，金融市场的健康发展有助于提高债券投资者获取更多公司信息的可能性，降低投资者因信息不对称产生的投资者风险预期，增强投资者投资信心，从而降低其对债券契约条款的要求。同时，发达的金融市场中存在更多成熟的机构投资者，机构投资者的外部治理能力能够降低内部人的掠夺能力并且提高公司的信息披露水平，从而降低公司内部人与债券投资者之间的代理冲突和信息不对称问题，降低债券投资者对债券契约条款的要求。

据此，本书提出研究假设H2：公司所处地区金融发展越好，公司债券契约条款越宽松，即债券发行利差越低，发行期限越长，限制性条款强度越低。

### 5.1.3 政府质量对债券契约条款的影响

对于转型经济中的中国来说，政府可通过宏观调控、行政干预等手段影响资源配置（戴亦一等，2013），进而影响公司的经营环境。王小鲁等（2017）指出，除去人力资源短缺、政府的行政干预与政府廉洁效率问题是影响企业经营最重要的外部因素，其发生率高达15.2%。政府为获得更好的政绩而干预企业资源配置的现象在我国屡见不鲜，行政干预会扭曲资源配置效率，带来效率损失，进而产生政治成本。政府的“掏空之手”理论认为（Frye and Shleifer，1997），政府官员为实现个人的政治目标，具有从国有企业寻租的动机，如地方政府要求地方企业并购当地亏损的国有企业，以缓解就业压力、财政收入等问题（潘红波等，2008）。承担过多的社会责任和政治成本的地方企业会使公司经营目标发生偏离，降低公司价值，加剧终极控制股东与外部投资者之间的利益冲突。陈信元和黄俊（2007）研究发现，政府干预下的企业在经营决策时，更多地会进行基于政治目标和社会职能的考虑，从而降低企业的经营绩效。刘启亮等（2012）研究发现，政府干预会对公司的内控建设产生较大的影响，此时市场力量对内控建设的影响相对较少，企业内部控制建设会相对较差。王文甫等（2014）通过构建经济模型发现，由于地方政府追求GDP和税收极大化而导致的政治干预，会大幅增加大企业投资，降低资源有效配置，导致产能过剩现象。余东华和吕逸楠（2015）研究发现，近年来，政府对战略性新兴产业进行的不当干预，引致企业出现严重过度投资现象，进而加剧我国光伏产业的产能过剩问题。Deng等（2019）研究发现，2008年全球金融危机时，中国政府的四万亿救市计划导致受到政府干预公司进行大量的过度投资。

此外，政府对企业的干预还容易导致腐败行为。腐败行为不仅会对经济增长产生影响，同时也会影响公司的融资能力。首先，腐败行为会弱化法律的执行效率。腐败会对国家的法律系统产生巨大的影响，当国家腐败程度越高时，法律执行效率越差（Djankov et al.，2003）。腐败行为削弱的执法效率会增强公司内部人利用控制权获取私有收益的动机，公司内部人通过与在职官员的“官商勾结”可形成内部人强有力的“保护伞”，即使内部人为获取私有收益对公司进行掏空与盈余管理的行为败露，较弱的执法效力也不会使内部人承担过重的法律负担，

进而增加内部人掏空与盈余管理的动机。其次，腐败强化了内部人的控制能力。一国的腐败程度越高，上市公司的股权集中度越高（La Porta et al.，1999）。为强化自身对公司的控制能力以及避免外部监管，腐败程度较高的上市公司内部控制人倾向于选择能够强化自身控制能力的公司治理机制。控制能力越强，内部人拥有掏空上市公司获取私有收益的能力越强，此时，腐败的社会环境会进一步加剧内部人与外部投资者间的代理冲突。Fan 等（2012）对 39 个发达及发展中国家进行实证研究发现，国家的腐败程度对公司的负债水平及债务期限结构产生巨大影响。具体地，当公司处于腐败程度较高的国家时，公司倾向于进行更多的债务融资，尤其是进行短期债务融资。Boubakri 和 Ghouma（2010）对 22 个国家的公司进行实证研究发现，国家的腐败程度会增加债券违约的风险，为弥补债券违约造成的损失，债券投资者会要求更高的风险溢价。Awartani 等（2016）对中东国家的 444 家上市公司进行实证研究，发现腐败行为可以帮助公司克服严苛的银行长期贷款政策，进而帮助公司获取更多的长期贷款。因此，较差的政府质量所导致的地方腐败行为，会加剧企业与外部投资者之间的信息不对称问题和代理冲突，进而增加管理者行贿动机产生的腐败成本。

综上所述，良好的政府质量能够降低公司的政治成本和寻租成本，提升公司绩效，降低债券投资者对其风险预期，进而降低对债券契约条款的要求。

据此，本书提出研究假设 H3：公司所处地区政府质量越高，公司债券契约条款越宽松，即债券发行利差越低，发行期限越长，限制性条款强度越低。

### 5.1.4 社会信任对债券契约条款的影响

信任一般被定义为“一个行动者认为另外一个合作者有较大可能进行有益行为”（Gambetta，2000）。信任可分为两大类，第一类为人际信任，第二类为社会信任。人际信任是指对某个人的信任，它来源于反复的人际互动交往，比如长期合作的客户与供应商间的信任或者投资者与经理人之间的信任，它通常基于时间并且难以度量（Dudley and Zhang，2016）。不同于人际信任，社会信任是指人们普遍相信某一社会集体内的个体成员不会做出为谋取私利而侵犯他人利益的行为，这种信任是基于群体特征有关的知识、文化或宗教背景等。社会信任是促成不频繁交易个体间成功合作的关键因素之一。在经济学文献中，社会信任对经济发展的作用已受到重视（Fukuyama，1995；Knack and Keefer，1997；La Porta et al.，1997；Guiso et al.，2004）。例如，Knack 和 Keefer（1997）使用世界价值观调查（World Value Surveys）中 29 个市场经济的信任指数作为实证样本发现，一国的平均信任程度会对经济增长产生显著的正面影响。随后，部分学者发现信任对双边贸易（Guiso et al.，2009）、地区金融发展（Guiso et al.，2004）、风险资本投资（Bottazzi et al.，2016）等均产生重要影响。

社会信任作为一项非正式制度安排，是对法律、政府、金融等正式制度的有益补充，能够约束公司内部人与外部投资者之间的代理冲突和信息不对称问题，并对外部投资者进行有效保护。融资活动能否成功完成不仅取决于公司所在地的法律环境和法律执行质量，同时还依赖于债权人与债务人间的信任程度（Guiso et al.，2004）。公司控股股东与外部投资者不可能事先对所有事情做出明确规定，此时，交易双方不间断关系的成功，取决于交易双方所处环境的普遍信任情况（雷光勇等，2015）。在高度信任的地区中，外部投资者会对企业实际控制人产生一种基于社会传统文化判断的高度信任，相信公司控制人能够履行契约条款并不会做出侵害外部投资者的行为，进而降低对公司预期的投资风险。相反地，在缺乏信任的市场中，交易双方需要以较高成本达成交易，同时，为避免公司违约造成的损失，外部投资者的投资意愿降低且会要求更为严格的契约条款约束公司内部人的自利行为。中国处于经济转轨时期，法律制度与金融体系发展水平均处于较低水平，此时，很多中国公司借助自身声誉和关系作为融资渠道和法律制度的替代机制以保证金融交易活动的正常运行（Allen et al.，2005）。在信任程度较高的社会环境中，一旦公司出现欺骗行为，其负面消息就会广泛传播，会对公司声誉造成严重的负面影响，进而抑制其欺诈行为的发生。债券融资契约是一种要求交易双方高度信任的契约形式，在一个信任水平较高的社会环境中，债券投资者会将信任视为建立契约关系的重要保障机制，增强的信任感会降低投资者对公司未来不确定性的预期，进而降低其要求的风险补偿。综上所述，社会信任有助于降低公司交易成本，提高交易效率，保障投资未来收益，降低投资者对债券的风险预期，进而降低对债券契约条款的要求。

据此，本书提出研究假设 H4：公司所处地区社会信任程度越高，公司债券契约条款越宽松，即债券发行利差越低，发行期限越长，限制性条款强度越低。

# 5.2　实证研究设计

## 5.2.1　研究变量的定义

### 5.2.1.1　被解释变量

根据第 4 章的分析，本书的被解释变量依旧是债券契约条款，债券契约条款包括债券发行利差、债券发行期限、债券限制性条款强度三个代理变量。对于债券发行利差变量，借鉴以往研究文献（Boubakri and Ghouma，2010；Gong et al.，2018），本书使用债券发行利率减去同期可比国债收益率之间的百分点差额度量。对于债券发行期限变量，参考 Bradley 和 Roberts（2015）的研究，使用公司债券发行期限（以月为单位）的自然对数度量。对于债券限制性条款强度变量，本书从上海证券交易所、深圳证券交易所披露的公开发行公司债券募集说明书中获取限制性条款，并通过计算债券发行公司募集说明书中限制性条款个数加总来度量限制性条款的使用强度（*Covenants*）。

### 5.2.1.2　解释变量

本书的解释变量是制度环境，其中包括法律制度子环境、金融发展子环境、政府质量子环境与社会信任子环境。制度环境的构成情况如表 5-1 所示：

表 5-1　制度环境指数体系

| 子环境指标 | 分项指标 | 指标定义 |
|---|---|---|
| 法律制度子环境 | 投资者保护 | 市场中介组织的发育和法律制度环境指数 |
| | 地区腐败 | 每万名公职人员腐败案件数 |
| 金融发展子环境 | 金融机构发展 | 地区金融机构存贷款余额/GDP |
| | 股票市场总规模 | 股票总市值/GDP |
| | 流通股总规模 | 股票流通市值/GDP |
| | 金融业竞争程度 | 金融业的竞争指数 |

续表

| 子环境指标 | 分项指标 | 指标定义 |
|---|---|---|
| 政府质量子环境 | 政府关系 | 政治与市场关系指数 |
| | 政府干预 | 地方财政赤字金额/GDP |
| | 政府效率 | 企业经营者与政府及官员打交道时间比例 |
| 社会信任子环境 | 商业信用 | 中国城市商业信用环境指数 |

（1）法律制度（*Law*）。本书使用投资者保护和地区腐败两个指标来反映地方的法律制度环境：①投资者保护指标使用王小鲁等（2016）编写的《中国分省份市场化指数 2016 年报告》中的市场中介组织的发育和法律制度环境指数度量。该指标是由三个一级分项指数组成，它们分别是“市场中介组织的发育”、“维护市场的法制环境”以及“知识产权保护”。由于《中国分省份市场化指数 2016 年报告》仅报告 2008 ~ 2014 年的市场中介组织的发育和法律制度环境指数，本书使用 2008 ~ 2014 年指数的年平均增长率估计 2015 年以及 2016 年各省的市场中介组织的发育和法律制度环境指数。该指数数值越大，表明地区法律环境越好，外部投资者保护程度越高。②腐败是一种非法性质的隐蔽性活动，腐败水平在实践中通常很难得到准确度量。以往国外文献对腐败程度的度量通常使用国际透明组织发布的腐败认知指数（CPI），这一腐败指数衡量了不同国家的腐败程度，适合进行不同国家间腐败程度的比较。本书需要度量中国各省（自治区、直辖市）的腐败程度，参考以往国内文献对腐败程度的度量（聂辉华等，2014；吕炜和陈海宇，2017；张玮倩和方军雄，2017），本书使用每万名公职人员腐败案件数度量我国的地方腐败程度。腐败案件数包括贪污受贿案件数和渎职案件数。该数值越大，表示该地区的腐败程度越高，地区法律环境越差。

（2）金融发展（*Finance*）。本书采用四个基础分项指标来反映地方的金融发展水平：第一为金融机构发展。本书参考钱雪松等（2017）、吕朝凤和黄梅波（2018）的相关研究，使用中国各省（自治区、直辖市）金融机构存贷款余额年度数据与该地区同年名义 GDP 的比值度量地区金融机构发展水平，该数值越大，表示该地区的金融机构发展水平越好。第二、三为股票市场总规模、流通股总规模。资本市场规模的扩张代表着地方金融市场的发展，参考罗煜等（2016）的研

究，本书使用股票总市值比 GDP、股票流通总市值比 GDP 反映资本市场的发育程度。第四为金融业竞争程度。金融行业的竞争程度反映地区金融机构的活跃程度，本书选取王小鲁等（2016）编写的《中国分省份市场化指数 2016 年报告》中的金融业的竞争作为金融业竞争程度的度量指标。由于《中国分省份市场化指数 2016 年报告》仅报告 2008 年、2010 年、2012 年、2014 年的金融业竞争指数，本书定义 2009 年、2011 年、2013 年指数为其前后两年指数的平均值，同时，我们使用 2008～2014 年金融业竞争指数的年平均增长率估计 2015 年以及 2016 年各省的金融业竞争指数。该指数数值越大，表明该地区金融业的市场竞争程度越大，金融发展水平越好。

（3）政府质量（*Government*）。本书采用三个基础分项指标来反映政府与企业间关系：①政府关系。政府在市场中的支配地位越高，给公司带来的政治成本越大，进而增加公司运营压力，降低公司价值，影响公司融资能力。参考以往相关研究，本书使用《中国分省份市场化指数 2016 年报告》中的政府与市场关系作为政府关系的度量指标。该指标由“市场分配经济资源的比重”、“减少政府对企业的干预”和“缩小政府规模”三个分项指数构造而成。同样地，考虑到《中国分省份市场化指数 2016 年报告》仅报告 2008～2014 年的指数数据，本书使用 2008～2014 年指数的年平均增长率估计 2015 年以及 2016 年各省的政府与市场的关系指数。该数值越大，表示该地区政府支配市场资源越少，市场化程度越高。②政府干预。地方政府的财政赤字越严重，政府干预企业的可能性越大（程仲鸣等，2008）。参考潘红波等（2008）、程仲鸣等（2008）的研究，本书使用地方财政赤字金额与 GDP 的比值代表政府干预程度，该数值越大，表明地方政府干预程度越大，市场化程度越低。③政府的高效、廉政对企业运营同样重要。本书使用王小鲁等（2017）编写的《中国分省企业经营环境指数 2017 报告》中的企业经营者与政府及官员打交道时间比例作为政府效率的度量指标。由于该报告仅提供了 2006 年、2008 年、2012 年和 2016 年的数据，本书按照 2008～2016 年的平均增长率补齐 2009～2011 年及 2013～2015 年的政治效率指数，该指数越大，表明企业经营者与政府及官员打交道的时间比例越低，地方政府的效率越高。

（4）社会信任（*Trust*）。本书借鉴肖作平和张樱（2014，2016）、曹越等

（2018）的研究，采用中国管理科学研究院编制的《2015 中国城市商业信用环境指数蓝皮书》中披露的各省（自治区、直辖市）CEI 得分度量地区商业信用指数，该指数综合反映城市营商环境的好坏，多视角、多维度地体现城市政务诚信、司法公信和社会诚信水平。由于《2015 中国城市商业信用环境指数蓝皮书》仅涵盖了中国各省（自治区、直辖市）2011～2013 年及 2015 年的商业信用环境指数，本书按照 2011～2015 年的平均增长率补齐 2008～2010 年及 2014 年和 2016 年的政治效率指数。

（5）制度环境各子环境度量方法。为了使制度环境各子环境变量跨年度可比，本书参考王小鲁等（2016）的方法，将 2008 年设定为基期年份，并设定基期年份的各分项指数的最大值为 10，最小值为 0，然后按照式（5－1）至式（5－4）对各年份原始数据进行处理，最终得到 10 个跨年度可比的分项指数，最后采用算数平均法合成制度环境各子环境代理变量。①

计算指数的方法如下：

当指数对应的原始数据高低与制度环境高低呈正相关关系时，其指数计算方法为：

$$\text{基年}\quad \text{第}\ i\ \text{个指数} = \frac{V_i - V_{\min}}{V_{\max} - V_{\min}} \times 10 \tag{5－1}$$

$$\text{其他年份}\quad t\ \text{年第}\ i\ \text{个指数} = \frac{V_{i(t)} - V_{\max(0)}}{V_{\max(0)} - V_{\min(0)}} \times 10 \tag{5－2}$$

当指数对应的原始数据高低与制度环境高低呈负相关关系时，其指数计算方法为：

$$\text{基年}\quad \text{第}\ i\ \text{个指数} = \frac{V_{\max} - V_i}{V_{\max} - V_{\min}} \times 10 \tag{5－3}$$

$$\text{其他年份}\quad \text{第}\ i\ \text{个指数} = \frac{V_{\max(0)} - V_i}{V_{\max(0)} - V_{\min(0)}} \times 10 \tag{5－4}$$

式中，$V_i$ 代表某省份第 $i$ 个指数的原始数据，$V_{\max}$ 表示基年第 $i$ 个指数中数值最大的一个，$V_{\min}$ 表示基年第 $i$ 个指数中数值最小的一个，脚标 $t$ 代表所计算的年

① 主成分分析法会导致数据跨年度缺乏可比性（王小鲁等，2016），不能正确反映各省市制度环境的进步或退步，因此本书采用算数平均法合成指数。

份，脚标（0）代表基期年份。

对解释变量（制度环境）定义的总结如表 5－2 所示。

表 5－2　解释变量的定义

| 变量名称 | 变量符号 | 变量定义 | 理论预期 | | |
|---|---|---|---|---|---|
| | | | 发行利差 | 发行期限 | 限制性条款强度 |
| 法律制度子环境 | *Law* | 两个分项指标按等权重计算方法合成 | － | ＋ | － |
| 金融发展子环境 | *Finance* | 四个分项指标按等权重计算方法合成 | － | ＋ | － |
| 政府质量子环境 | *Government* | 三个分项指标按等权重计算方法合成 | － | ＋ | － |
| 社会信任子环境 | *Trust* | 中国城市商业信用环境指数 | － | ＋ | － |

5.2.1.3　控制变量

本章选择的控制变量包括公司特征、公司治理和债券特征三个部分。本章对控制变量的定义与第 4 章相同，在此不再赘述。

### 5.2.2　样本选择和实证模型的设计

5.2.2.1　数据来源

与上一章相同，本章的研究对象仍为公司债券契约条款，公司债券契约中的发行利差、发行期限、发行金额、是否有担保、债券发行主体评级等数据来自 Wind 数据库。现有数据库中并不包含限制性条款数据，对于公司限制性条款的获取，我们通过阅读债券发行上市公司公布的《公开发行公司债券募集说明书》，手工收集和整理每个公司债的限制性条款。投资者保护、金融业竞争程度和政府关系数据来源于王小鲁等（2016）的《中国分省份市场化指数报告》；地区腐败指标中各省（自治区、直辖市）贪污受贿案件数和渎职案件数来自于 2008～2016 年的《中国检察年鉴》和各省（自治区、直辖市）人民检察院的工作报告，各省（自治区、直辖市）公职人员数来自于《中国统计年鉴》；各省（自治区、直辖市）金融机构存贷款余额来源于 2008～2016 年的《中国金融年鉴》，各省（自治区、直辖市）名义 GDP 数值来源于国家统计局网站；地方财政收入与支出数据来源于《中国统计年鉴》；政府效率数据来源于王小鲁等

（2017）的《中国分省企业经营环境指数2017年报告》；商业信用数据来自于中国管理科学研究院编制的《2015中国城市商业信用环境指数蓝皮书》中披露的各省（自治区、直辖市）CEI得分。

5.2.2.2 样本选择

本章选取从2008~2016年在沪、深证券交易所发行的公司债券作为研究样本，并按照如下标准筛选：①剔除非上市公司发行的公司债券；②剔除金融类上市公司发行的公司债券；③剔除相关变量数据不全的公司；④为了降低异常值的影响，将所有连续变量进行上下1%的Winsorize处理；⑤西藏地区因数据不全而剔除。根据上述原则，本章最终得到了824个观察值。

5.2.2.3 实证模型的设计

为了检验制度环境如何影响债券发行利差，本书构建回归估计模型如式(5-5)所示：

$$Spreads_{it} = \beta_0 + \beta_1 Institutions_{it} + \sum_{j=1}^{12} \beta_{1+j} ControlVAR_{it} + \beta_{14} Maturity_{it} + \beta_{15} Covenants_{it} + Year\ fixed\ effects + Industry\ fixed\ effects + \varepsilon_{it} \tag{5-5}$$

为了检验制度环境如何影响债券发行期限，本书构建回归估计模型如式(5-6)所示：

$$Maturity_{it} = \beta_0 + \beta_1 Institutions_{it} + \sum_{j=1}^{12} \beta_{1+j} ControlVAR_{it} + \beta_{14} Spreads_{it} + \beta_{15} Covenants_{it} + Year\ fixed\ effects + Industry\ fixed\ effects + \varepsilon_{it} \tag{5-6}$$

为了检验制度环境如何影响债券限制性条款强度，本书构建回归估计模型如式（5-7）所示：

$$Covenants_{it} = \beta_0 + \beta_1 Institutions_{it} + \sum_{j=1}^{12} \beta_{1+j} ControlVAR_{it} + \beta_{14} Spreads_{it} + \beta_{15} Maturity_{it} + Year\ fixed\ effects + Industry\ fixed\ effects + \varepsilon_{it} \tag{5-7}$$

式中，*Spreads*代表公司债券发行利差，*Maturity*代表公司债券发行期限，*Covenants*代表公司债券限制性条款强度。解释变量*Institutions*代表制度环境，包含法律制度子环境（*Law*）、金融发展子环境（*Finance*）、政府质量子环境（*Government*）、社会信任子环境（*Trust*）。*ControlVAR* 为控制变量，相关变量定义见研究变量定义表 4－3。为研究债券发行利差、发行期限和限制性条款强度相互间的影响，本书在每个回归估计模型中加入另两个债券契约条款为控制变量。同时，为避免异常值影响，本书对连续变量进行了上下 1% 的 Winsorize 处理。为避免行业和年度异质性的影响，本书还控制了行业 *Industry* 和年度 *Year* 固定效应。

### 5.2.3　描述性统计和相关性统计

#### 5.2.3.1　变量的描述性统计

本章选取的主要变量的描述性统计结果如表 5－3 所示。

**表 5－3　研究变量的描述性统计结果**

| 变量符号 | 数量 | 均值 | 标准差 | 最小值 | 25 分位数 | 中位数 | 75 分位数 | 最大值 |
|---|---|---|---|---|---|---|---|---|
| *Spreads*（%） | 824 | 2.295 | 1.191 | 0.236 | 1.451 | 2.156 | 3.073 | 6.541 |
| *Maturity* | 824 | 4.109 | 0.312 | 2.890 | 4.094 | 4.094 | 4.094 | 5.193 |
| *Covenants* | 824 | 3.456 | 1.603 | 0.000 | 2.000 | 4.000 | 4.000 | 7.000 |
| *Law* | 824 | 7.130 | 3.098 | 1.483 | 4.417 | 6.531 | 9.563 | 13.050 |
| *Finance* | 824 | 4.011 | 1.022 | 1.972 | 3.218 | 3.862 | 4.538 | 6.377 |
| *Government* | 824 | 8.155 | 1.617 | 1.344 | 7.334 | 8.243 | 9.536 | 10.650 |
| *Trust* | 824 | 5.161 | 2.581 | 0.316 | 3.616 | 4.256 | 6.459 | 10.200 |
| *Size* | 824 | 23.720 | 1.479 | 21.180 | 22.630 | 23.510 | 24.540 | 28.410 |
| *LEV* | 824 | 0.582 | 0.145 | 0.243 | 0.474 | 0.584 | 0.688 | 0.855 |
| *MTB* | 824 | 0.999 | 0.866 | 0.143 | 0.405 | 0.745 | 1.279 | 4.856 |
| *GRW* | 824 | 0.150 | 0.345 | －0.385 | 0.000 | 0.055 | 0.216 | 2.077 |
| *ROA* | 824 | 0.034 | 0.031 | －0.073 | 0.015 | 0.028 | 0.050 | 0.128 |
| *Tangible* | 824 | 0.240 | 0.199 | 0.001 | 0.068 | 0.197 | 0.374 | 0.730 |
| *Big4* | 824 | 0.178 | 0.383 | 0.000 | 0.000 | 0.000 | 0.000 | 1.000 |
| *Duality* | 824 | 0.148 | 0.355 | 0.000 | 0.000 | 0.000 | 0.000 | 1.000 |
| *IndDirectors* | 824 | 0.374 | 0.060 | 0.308 | 0.333 | 0.333 | 0.400 | 0.571 |
| *Amount* | 824 | 20.690 | 0.860 | 14.990 | 20.040 | 20.720 | 21.190 | 23.500 |
| *CreditRating* | 824 | 2.437 | 0.501 | 1.000 | 2.000 | 2.000 | 3.000 | 3.000 |
| *Collateral* | 824 | 0.383 | 0.487 | 0.000 | 0.000 | 0.000 | 1.000 | 1.000 |

从被解释变量来看，债券发行利差（*Spreads*）的均值（中位数）为2.295%（2.156%），波动范围为0.236%～6.541%，波动幅度较大，说明不同债券发行主体间的债券融资成本存在显著差异。债券发行期限（*Maturity*）的最小值和最大值分别为2.89和5.193，说明样本债券中的最短期限为1.5年而最长期限为15年，其中25分位数、中位数和75分位数均为4.094，说明大部分样本债券的发行期限为5年。限制性条款强度（*Covenants*）的最小值为0，最大值为7，标准差为1.603，说明不同债券发行人使用的限制性条款强度存在显著差异，有些债券发行人在募集说明书中不列入限制性条款，而有些债券发行人在募集说明书中包含全部类型的限制性条款。同时，我国公司债的限制性条款使用情况仍处于较低水平，其平均数和中位数分别为3.456和4，说明中国上市公司通过限制性条款对债券投资者进行保护的整体程度较弱。

从解释变量来看，法律制度子环境的均值和中位数分别为7.130和6.531，最小值为1.483，最大值为13.050，其差异较大，说明不同地区间的法律环境存在较大差异。金融发展子环境的均值和中位数分别为4.011和3.862，最小值为1.972，最大值为6.377，差异较大，说明我国各地区金融发展水平参差不齐，部分地区金融发展较好，部分地区金融发展较差。政府质量子环境的均值和中位数分别为8.155和8.243，最小值为1.344，最大值为10.650，指数差异较大。社会信任子环境的均值和中位数分别为5.161和4.256，最小值为0.316，最大值为10.200，说明不同地区间的社会信任存在较大差异。

#### 5.2.3.2 主变量相关性统计

表5-4为主要变量的Pearson相关系数统计表。第一，法律制度子环境与公司债券发行利差的相关系数在1%的水平上显著为负，说明债券发行公司所在地区的法律环境越好时，其债券融资成本越低，该结果初步部分证实了假设H1。第二，金融发展子环境与公司债券发行利差的相关系数在1%的水平上显著为负，说明债券发行公司所在地区的金融发展水平越高时，债券融资成本越低，该结果初步部分证实了假设H2。第三，社会信任子环境与债券发行利差的相关系数在1%水平上显著为负，与债券发行期限的相关系数在5%的水平上显著为正，说明信任程度较高的社会环境会降低债券投资者对债券违约风险的预期，进而降低对债券契约条款严格程度的要求，该结果初步证实了假设H4。

表 5－4　主要变量的 Pearson 相关性统计结果

| | *Spreads* | *Maturity* | *Covenants* | *Law* | *Finance* | *Government* | *Trust* |
|---|---|---|---|---|---|---|---|
| *Maturity* | －0.144*** | 1 | | | | | |
| *Covenants* | 0.020 | 0.173*** | 1 | | | | |
| *Law* | －0.299*** | －0.026 | －0.017 | 1 | | | |
| *Finance* | －0.303*** | 0.010 | －0.047 | 0.758*** | 1 | | |
| *Government* | －0.004 | 0.019 | －0.032 | 0.346*** | －0.012 | 1 | |
| *Trust* | －0.272*** | 0.078** | －0.039 | 0.653*** | 0.844*** | －0.0400 | 1 |

注：***、**和*分别代表在 1%、5%和 10%的水平上显著。

## 5.2.4　实证结果分析

5.2.4.1　单变量检验

表 5－5 显示的是法律制度子环境、金融发展子环境、政府质量子环境、社会信任子环境与债券契约条款间的单变量分析。本书按照法律制度、金融发展、政府质量、社会信任的年份中位数将样本分为高水平和低水平两组，即若样本各制度子环境指数低于年度中位数则属于低水平组，若样本各制度子环境指数高于年度中位数则属于高水平组。随后，本书分别就高水平、低水平组间制度子环境指数对债券契约条款的影响进行均值 T 检验。

Panel A 为样本按照法律制度指数中位数划分后的债券契约均值 T 检验。由 Panel A 可见，当公司所处地区法律制度水平较差时，债券发行利差均值为 2.48%，此时利差显著高于公司处于法律制度水平较好地区的债券发行利差，且差异在 1%的水平上显著，说明法律制度水平越差时，债券发行利差越高。结果部分验证了假设 H1。Panel B 为样本按照金融发展指数中位数划分后的债券契约均值 T 检验。由 Panel B 可见，处于金融发展水平较差地区公司发行的债券利差为 2.504，显著高于处于金融发展水平较好地区公司发行的债券利差，差异为 0.35 且在 1%的水平上显著，说明公司所处地区的金融发展水平越差，公司发行债券的利差越高。同时，公司发行债券的限制性条款在金融发展水平较差的地区时强度更高，表明处于金融水平落后地区的债券投资者会要求更严格的限制性条款以保障自身利益。Panel D 为样本按照社会信任指数中位数划分后的债券契约均值T检验。由Panel D可见，债券发行利差在社会信任水平较差的地区更高，且债券发行期限在社会信任水平较差的地区更短，结果表明社会信任水平的提升会弱化债券投资者对公司债券契约条款的要求。结果部分验证了假设H4。

表5-5 制度环境与债券契约条款的单变量分析

| Panel A：法律制度 | | | | | |
|---|---|---|---|---|---|
| | 法律制度水平差 | | 法律制度水平好 | | |
| Variables | 样本量 | 均值 | 样本量 | 均值 | 差异 |
| *Spreads* | 361 | 2.48 | 463 | 2.15 | 0.330*** |
| *Maturity* | 361 | 4.094 | 463 | 4.121 | -0.026 |
| *Covenants* | 361 | 3.524 | 463 | 3.404 | 0.12 |
| Panel B：金融发展 | | | | | |
| | 金融发展水平差 | | 金融发展水平好 | | |
| *Spreads* | 330 | 2.504 | 494 | 2.155 | 0.350*** |
| *Maturity* | 330 | 4.101 | 494 | 4.115 | -0.014 |
| *Covenants* | 330 | 3.588 | 494 | 3.368 | 0.219* |
| Panel C：政府质量 | | | | | |
| | 政府质量差 | | 政府质量好 | | |
| *Spreads* | 391 | 2.314 | 433 | 2.277 | 0.037 |
| *Maturity* | 391 | 4.116 | 433 | 4.103 | 0.013 |
| *Covenants* | 391 | 3.527 | 433 | 3.393 | 0.134 |
| Panel D：社会信任 | | | | | |
| | 社会信任水平低 | | 社会信任水平高 | | |
| *Spreads* | 383 | 2.431 | 441 | 2.177 | 0.254*** |
| *Maturity* | 383 | 4.086 | 441 | 4.13 | -0.044** |
| *Covenants* | 383 | 3.53 | 441 | 3.392 | 0.138 |

注：***、**和*分别代表在1%、5%和10%的水平上显著。

#### 5.4.2.2 多元回归分析

为检验假设1-4，本书首先使用控制行业和年度固定效应的模型（5-5）来分析制度各子环境与债券发行利差间的关系。表5-6报告了实证分析结果，其中第（1）列报告了法律制度子环境对债券发行利差的影响，第（2）列报告

了金融发展子环境对债券发行利差的影响，第（3）列报告了政府质量子环境对债券发行利差的影响，第（4）列报告了社会信任子环境对债券发行利差的影响。

**表5-6 制度环境与债券发行利差的多元回归结果**

| 变量 | (1) | (2) | (3) | (4) |
|---|---|---|---|---|
| *Intercept* | 11.634 ***<br>(10.06) | 11.647 ***<br>(10.15) | 12.472 ***<br>(10.76) | 11.381 ***<br>(9.89) |
| *Law* | -0.046 ***<br>(-4.00) | | | |
| *Finance* | | -0.093 ***<br>(-2.60) | | |
| *Government* | | | -0.042 *<br>(-1.77) | |
| *Trust* | | | | -0.042 ***<br>(-3.28) |
| *Size* | -0.042<br>(-1.03) | -0.041<br>(-1.00) | -0.059<br>(-1.48) | -0.036<br>(-0.87) |
| *LEV* | 1.080 ***<br>(3.73) | 1.151 ***<br>(3.96) | 1.170 ***<br>(3.93) | 1.154 ***<br>(3.96) |
| *MTB* | 0.113 **<br>(2.05) | 0.117 **<br>(2.12) | 0.095 *<br>(1.75) | 0.112 **<br>(2.01) |
| *GRW* | 0.225 *<br>(1.76) | 0.222 *<br>(1.73) | 0.232 *<br>(1.79) | 0.227 *<br>(1.79) |
| *ROA* | -4.599 ***<br>(-3.99) | -4.799 ***<br>(-4.15) | -4.801 ***<br>(-4.09) | -4.994 ***<br>(-4.32) |
| *Tangible* | -0.706 ***<br>(-3.55) | -0.691 ***<br>(-3.48) | -0.687 ***<br>(-3.39) | -0.706 ***<br>(-3.56) |
| *Big4* | -0.193 **<br>(-2.17) | -0.226 **<br>(-2.56) | -0.249 ***<br>(-2.82) | -0.209 **<br>(-2.39) |
| *Duality* | 0.168<br>(1.61) | 0.143<br>(1.36) | 0.146<br>(1.38) | 0.139<br>(1.35) |
| *IndDirectors* | -0.594<br>(-1.06) | -0.487<br>(-0.87) | -0.470<br>(-0.83) | -0.428<br>(-0.76) |
| *Amount* | -0.161 ***<br>(-2.67) | -0.159 ***<br>(-2.66) | -0.171 ***<br>(-2.83) | -0.162 ***<br>(-2.73) |

续表

| 变量 | (1) | (2) | (3) | (4) |
|---|---|---|---|---|
| *CreditRating* | -0.781***<br>(-9.00) | -0.782***<br>(-8.98) | -0.773***<br>(-8.79) | -0.788***<br>(-9.07) |
| *Collateral* | -0.092<br>(-1.25) | -0.098<br>(-1.31) | -0.099<br>(-1.32) | -0.089<br>(-1.19) |
| *Maturity* | -0.532***<br>(-5.09) | -0.551***<br>(-5.24) | -0.569***<br>(-5.29) | -0.545***<br>(-5.16) |
| *Covenants* | -0.017<br>(-0.79) | -0.016<br>(-0.72) | -0.015<br>(-0.68) | -0.015<br>(-0.68) |
| Year | Yes | Yes | Yes | Yes |
| Industry | Yes | Yes | Yes | Yes |
| Adjusted $R^2$ | 0.581 | 0.576 | 0.575 | 0.577 |
| N | 824 | 824 | 824 | 824 |

注：括号内值为 t 值；***、** 和 * 分别代表在 1%、5% 和 10% 的水平上显著。

在表 5-6 第（1）列中，法律制度子环境 *Law* 的系数为 -0.046，且在 1% 的水平上显著，说明法律环境的提升会降低公司债券的发行利差，验证了假设 H1。这一结果说明，良好的法律环境会增加公司内部人获取私有收益的法律风险和掠夺成本，进而降低内部人的掠夺动机和操控公司信息的动机。同时，较高的法律执行力会降低债券投资者因债券违约所遭受的损失，进而增强债券投资者的投资信心，降低其对债券风险溢价的要求，即降低债券发行利差。金融发展子环境 *Finance* 的系数为 -0.093，且在 1% 的水平上显著，表明地区金融发展水平的提升会降低公司债券的发行利差，验证了假设 H2。这一结果说明，金融市场的健康发展有助于提高公司的信息披露水平和传播速度，帮助投资者获取更多的公司信息，增加其投资信心。同时，金融体制的发展伴随着机构投资者监督职能的增强，机构投资者有效的外部治理作用能够降低公司内部人的掠夺行为，进而缓解内部人与外部投资者之间的代理冲突，降低投资者的投资风险和公司的债券融资成本。政府质量子环境 *Government* 的系数为 -0.042，且在 10% 的水平上显著，表明政府质量的提升会降低公司债券的发行利差，验证了假设 H3。这一结果说明，良好的政府质量能够降低公司的政治成本和“寻租”成本，提升公司绩效，降低债券投资者对公司债券的风险预期，进而降低对债券风险补偿的要求。社会信任子环境 *Trust* 的系数为 -0.042，且在1%的水平上显著，表明社会信任的提升会降低公司债券的发行利差，验证了假设H4。这一结果说明，社会信任程度越高的地区，信息的公开化和透明化程度越高，在社会信任程度较高的环境中，债券投资者面临的信息不对称程度相对较低，对公司未来不确定性的预期程度较低，进而降低债券发行时的融资成本。

表5-7报告了制度环境对债券发行期限的实证分析结果。由表5-7第（1）列可见，*Law* 的系数在5%的水平上显著为正，这一结果验证假设H1，表明良好的外部法律环境会保护债券投资者的利益不被侵蚀，进而提升债券投资者的投资信心，降低其对债券契约条款的要求，在这种环境中，债券发行公司可通过发行更长期限的债券进行融资。在第（2）列中，*Finance* 的系数在5%的水平上显著为正，这一结果验证了假设H2，表明地区金融发展水平的提升会削弱债券投资者面临的风险，进而降低其对债券契约的要求，延长债券发行期限。在第（4）列中，*Trust* 的系数在5%的水平上显著为正，结果验证了假设H4，表明社会信任会缓解公司内部人与债券投资者之间的信息不对称问题，进而增强债券投资者的投资信心，此时的债券投资者愿意持有期限较长的公司债券。总体而言，各制度子环境的改善会提升债券发行期限。然而，政府质量 *Government* 的系数为正但并不显著，这一结果并未验证假设H3。

**表5-7 制度环境与债券发行期限的多元回归结果**

| 变量 | (1) | (2) | (3) | (4) |
|---|---|---|---|---|
| Intercept | 3.201***<br>(8.17) | 3.259***<br>(8.31) | 3.124***<br>(7.86) | 3.297***<br>(8.39) |
| *Law* | 0.009**<br>(2.12) | | | |
| *Finance* | | 0.028**<br>(2.24) | | |
| *Government* | | | 0.006<br>(0.98) | |
| *Trust* | | | | 0.010**<br>(2.13) |

续表

| 变量 | (1) | (2) | (3) | (4) |
|---|---|---|---|---|
| *Size* | 0.053*** (2.65) | 0.050** (2.57) | 0.056*** (2.68) | 0.050** (2.48) |
| *LEV* | 0.071 (0.46) | 0.069 (0.45) | 0.055 (0.35) | 0.063 (0.40) |
| *MTB* | 0.027 (1.12) | 0.024 (1.04) | 0.030 (1.25) | 0.026 (1.07) |
| *GRW* | -0.005 (-0.19) | -0.004 (-0.13) | -0.006 (-0.22) | -0.005 (-0.20) |
| *ROA* | -1.472*** (-4.09) | -1.445*** (-3.99) | -1.456*** (-4.20) | -1.394*** (-3.76) |
| *Tangible* | 0.090 (0.96) | 0.087 (0.95) | 0.085 (0.92) | 0.091 (1.01) |
| *Big4* | -0.061* (-1.91) | -0.059* (-1.84) | -0.051 (-1.55) | -0.061* (-1.85) |
| *Duality* | 0.001 (0.04) | 0.005 (0.36) | 0.006 (0.34) | 0.006 (0.40) |
| *IndDirectors* | 0.072 (0.18) | 0.055 (0.14) | 0.047 (0.11) | 0.039 (0.09) |
| *Amount* | 0.001 (0.02) | -0.001 (-0.04) | 0.002 (0.08) | 0.000 (0.02) |
| *CreditRating* | -0.051** (-2.28) | -0.051** (-2.27) | -0.055** (-2.39) | -0.049** (-2.18) |
| *Collateral* | 0.064*** (2.91) | 0.065*** (2.97) | 0.065*** (3.00) | 0.063*** (2.95) |
| *Spreads* | -0.060*** (-5.65) | -0.061*** (-5.39) | -0.063*** (-5.56) | -0.061*** (-5.38) |
| *Covenants* | 0.050*** (5.61) | 0.050*** (5.57) | 0.050*** (5.34) | 0.050*** (5.42) |
| Year | Yes | Yes | Yes | Yes |
| Industry | Yes | Yes | Yes | Yes |
| Adjusted $R^2$ | 0.315 | 0.316 | 0.311 | 0.315 |
| N | 824 | 824 | 824 | 824 |

注：括号内值为t值；***、**和*分别代表在1%、5%和10%的水平上显著。

表 5 - 8 报告了制度各子环境对债券限制性条款强度的实证分析结果。结果显示，法律制度子环境 *Law*、金融发展子环境 *Finance* 均通过了 10% 的显著性检验，这意味着在其他条件不变的情况下，当公司所处地区的法律制度或金融发展水平有所提升时，公司债券募集说明书包含的限制性条款强度降低，结果验证了假设 1 和假设 2。然而，政府质量 *Government* 和社会信任 *Trust* 的系数为负但并不显著，这一结果并未验证假设 H3、H4。

**表 5 - 8　制度环境与债券限制性条款强度的 Poisson 回归结果**

| 变量 | (1) | (2) | (3) | (4) |
|---|---|---|---|---|
| Intercept | 0.341<br>(0.53) | 0.277<br>(0.43) | 0.513<br>(0.78) | 0.282<br>(0.43) |
| *Law* | -0.010*<br>(-1.73) | | | |
| *Finance* | | -0.033*<br>(-1.80) | | |
| *Government* | | | -0.010<br>(-1.39) | |
| *Trust* | | | | -0.008<br>(-1.17) |
| *Size* | -0.106***<br>(-4.77) | -0.103***<br>(-4.60) | -0.108***<br>(-4.90) | -0.105***<br>(-4.73) |
| *LEV* | 0.566***<br>(3.54) | 0.565***<br>(3.55) | 0.573***<br>(3.58) | 0.580***<br>(3.65) |
| *MTB* | 0.006<br>(0.20) | 0.008<br>(0.26) | 0.001<br>(0.04) | 0.005<br>(0.15) |
| *GRW* | -0.004<br>(-0.08) | -0.006<br>(-0.11) | -0.004<br>(-0.07) | -0.004<br>(-0.08) |
| *ROA* | 1.237*<br>(1.76) | 1.195*<br>(1.70) | 1.222*<br>(1.73) | 1.173*<br>(1.66) |
| *Tangible* | -0.066<br>(-0.55) | -0.064<br>(-0.54) | -0.059<br>(-0.49) | -0.064<br>(-0.54) |
| *Big4* | -0.004<br>(-0.08) | -0.006<br>(-0.12) | -0.014<br>(-0.29) | -0.007<br>(-0.14) |

续表

| 变量 | (1) | (2) | (3) | (4) |
|---|---|---|---|---|
| *Duality* | 0.018<br>(0.43) | 0.013<br>(0.32) | 0.014<br>(0.35) | 0.012<br>(0.29) |
| *IndDirectors* | 0.056<br>(0.21) | 0.073<br>(0.27) | 0.087<br>(0.32) | 0.091<br>(0.34) |
| *Amount* | 0.027<br>(1.00) | 0.028<br>(1.07) | 0.024<br>(0.92) | 0.027<br>(1.00) |
| *CreditRating* | -0.013<br>(-0.29) | -0.014<br>(-0.30) | -0.012<br>(-0.25) | -0.013<br>(-0.28) |
| *Collateral* | -0.163***<br>(-4.29) | -0.163***<br>(-4.29) | -0.163***<br>(-4.28) | -0.161***<br>(-4.25) |
| *Maturity* | -0.015<br>(-0.77) | -0.013<br>(-0.70) | -0.012<br>(-0.64) | -0.013<br>(-0.67) |
| *Covenants* | 0.451***<br>(7.10) | 0.452***<br>(7.12) | 0.445***<br>(7.06) | 0.450***<br>(7.09) |
| Year | Yes | Yes | Yes | Yes |
| Industry | Yes | Yes | Yes | Yes |
| Pseudo $R^2$ | 0.053 | 0.053 | 0.053 | 0.053 |
| N | 824 | 824 | 824 | 824 |

注：括号内值为 z 值；***、** 和 * 分别代表在 1%、5% 和 10% 的水平上显著。

#### 5.4.2.3 内生性检验

（1）债券样本的自选择问题。由于发行债券与未发行债券的公司特征可能存在系统性差异，因此我们在研究制度环境对债券契约的影响时会存在自选择的问题，为解决自选择产生的内生性问题，本章使用 Heckman 两阶段估计模型（Heckman，1979），以控制发行债券与未发行债券样本的公司特征差异对结果产生的影响。具体做法与上一章的一致，本章不再赘述。表 5-9 显示的为 Heckman 两阶段中制度环境对债券契约条款的影响。由表 5-9 的 Panel A 可见，在控制了选择性样本偏差产生的影响后，公司所在地区的法律制度子环境对债券发行利差仍然呈显著负向影响（coefficient = -0.047；t = -4.06），金融发展子环境

对债券发行利差仍然呈显著负向影响（coefficient = -0.095；t = -2.70），政府质量子环境对债券发行利差仍然呈显著负向影响（coefficient = -0.044；t = -1.84），社会信任子环境对债券发行利差仍然呈显著负向影响（coefficient = -0.044；t = -3.46）。所有结果均与表 5-6 结果一致。此外，本书还进一步考察了逆米尔斯系数（IMR），发现逆米尔斯系数在统计上均不显著，说明在制度环境对债券发行利差的关系中并不存在严重的样本选择偏差问题。由表 5-9 的 Panel B 可见，在控制了选择性样本偏差产生的影响后，公司所在地区的法律制度子环境对债券发行期限仍然呈显著正向影响（coefficient = 0.009；t = 2.31），金融发展子环境对债券发行期限仍然呈显著正向影响（coefficient = 0.029；t = 2.38），政府质量子环境与债券发行期限间关系为正但并不显著，社会信任子环境对债券发行期限仍然呈显著正向影响（coefficient = 0.011；t = 2.24）。所有结果均与表 5-7 结果一致。此外，Panel B 中逆米尔斯系数在统计上均不显著，这说明在制度环境与债券发行期限间关系中并不存在严重的样本选择偏差问题。由表 5-9 的 Panel C 可见，在控制了选择样本偏差产生的影响后，公司所在地区的法律制度子环境、金融发展子环境与债券限制性条款强度呈显著负相关关系，而政府质量子环境、社会信任子环境与限制性条款强度的关系并不显著。所有结果均与表 5-8 结果一致。同时，逆米尔斯系数在统计上均不显著，这说明在制度环境对债券限制性条款强度的关系中并不存在严重的样本选择偏差问题。

**表 5-9　Heckman 两阶段制度环境对债券契约条款的影响**

| Panel A：被解释变量 | (1) | (2) | (3) | (4) |
|---|---|---|---|---|
| | *Spreads* | | | |
| Intercept | 13.955***<br>(3.10) | 15.163***<br>(3.34) | 15.443***<br>(3.36) | 15.179***<br>(3.34) |
| *Law* | -0.047***<br>(-4.06) | | | |
| *Finance* | | -0.095***<br>(-2.70) | | |
| *Government* | | | -0.044*<br>(-1.84) | |

续表

| Panel A：被解释变量 | (1) | (2) | (3) | (4) |
|---|---|---|---|---|
| | Spreads | | | |
| *Trust* | | | | -0.044*** |
| | | | | (-3.46) |
| *Size* | -0.115 | -0.147 | -0.146 | -0.151 |
| | (-0.88) | (-1.11) | (-1.09) | (-1.14) |
| *LEV* | 0.996*** | 1.017*** | 1.055*** | 1.010*** |
| | (2.81) | (2.88) | (2.90) | (2.84) |
| *MTB* | 0.091* | 0.104** | 0.083* | 0.105** |
| | (1.88) | (2.13) | (1.70) | (2.16) |
| *GRW* | 0.227* | 0.222* | 0.233* | 0.227* |
| | (1.79) | (1.74) | (1.80) | (1.79) |
| *ROA* | -4.146*** | -4.399*** | -4.423*** | -4.629*** |
| | (-3.39) | (-3.58) | (-3.66) | (-3.80) |
| *Tangible* | -0.687*** | -0.638*** | -0.649*** | -0.645*** |
| | (-2.87) | (-2.66) | (-2.65) | (-2.69) |
| *Big4* | -0.162 | -0.176 | -0.212* | -0.152 |
| | (-1.46) | (-1.60) | (-1.90) | (-1.39) |
| *Duality* | 0.177* | 0.154 | 0.155 | 0.151 |
| | (1.70) | (1.46) | (1.48) | (1.45) |
| *IndDirectors* | -0.536 | -0.432 | -0.419 | -0.375 |
| | (-0.95) | (-0.76) | (-0.73) | (-0.66) |
| *Amount* | -0.163*** | -0.164*** | -0.178*** | -0.167*** |
| | (-2.65) | (-2.67) | (-2.87) | (-2.75) |
| *CreditRating* | -0.769*** | -0.773*** | -0.765*** | -0.779*** |
| | (-8.59) | (-8.59) | (-8.42) | (-8.69) |
| *Collateral* | -0.088 | -0.094 | -0.095 | -0.084 |
| | (-1.20) | (-1.26) | (-1.27) | (-1.14) |
| *Maturity* | -0.531*** | -0.551*** | -0.572*** | -0.545*** |
| | (-5.06) | (-5.23) | (-5.30) | (-5.15) |
| *Covenants* | -0.018 | -0.017 | -0.016 | -0.016 |
| | (-0.84) | (-0.78) | (-0.72) | (-0.75) |

续表

| Panel A：<br>被解释变量 | (1) | (2) | (3) | (4) |
|---|---|---|---|---|
| | Spreads | | | |
| IMR | -0.214<br>(-0.47) | -0.343<br>(-0.75) | -0.284<br>(-0.61) | -0.378<br>(-0.83) |
| Year | Yes | Yes | Yes | Yes |
| Industry | Yes | Yes | Yes | Yes |
| Adjusted $R^2$ | 0.582 | 0.576 | 0.575 | 0.578 |
| N | 824 | 824 | 824 | 824 |
| Panel B：<br>被解释变量 | (1) | (2) | (3) | (4) |
| | Maturity | | | |
| Intercept | 5.633***<br>(3.57) | 5.496***<br>(3.47) | 5.401***<br>(3.39) | 5.444***<br>(3.44) |
| *Law* | 0.009**<br>(2.31) | | | |
| *Finance* | | 0.029**<br>(2.38) | | |
| *Government* | | | 0.006<br>(0.97) | |
| *Trust* | | | | 0.011**<br>(2.24) |
| *Size* | -0.022<br>(-0.44) | -0.018<br>(-0.37) | -0.014<br>(-0.29) | -0.016<br>(-0.32) |
| *LEV* | -0.029<br>(-0.24) | -0.023<br>(-0.19) | -0.040<br>(-0.33) | -0.027<br>(-0.22) |
| *MTB* | 0.030*<br>(1.91) | 0.027*<br>(1.66) | 0.032**<br>(2.00) | 0.027*<br>(1.68) |
| *GRW* | -0.009<br>(-0.32) | -0.007<br>(-0.24) | -0.009<br>(-0.32) | -0.009<br>(-0.31) |
| *ROA* | -1.374***<br>(-3.22) | -1.334***<br>(-3.10) | -1.343***<br>(-3.16) | -1.273***<br>(-2.95) |
| *Tangible* | 0.149<br>(1.51) | 0.140<br>(1.43) | 0.138<br>(1.40) | 0.141<br>(1.44) |

续表

| Panel B:<br>被解释变量 | (1) | (2) | (3) | (4) |
|---|---|---|---|---|
| | *Maturity* | | | |
| *Big4* | -0.016<br>(-0.39) | -0.017<br>(-0.41) | -0.007<br>(-0.18) | -0.021<br>(-0.50) |
| *Duality* | 0.005<br>(0.19) | 0.009<br>(0.36) | 0.010<br>(0.41) | 0.010<br>(0.40) |
| *IndDirectors* | 0.080<br>(0.47) | 0.062<br>(0.37) | 0.054<br>(0.32) | 0.046<br>(0.27) |
| *Amount* | 0.000<br>(0.00) | -0.001<br>(-0.06) | 0.002<br>(0.12) | 0.000<br>(0.02) |
| *CreditRating* | -0.052*<br>(-1.75) | -0.051*<br>(-1.73) | -0.055*<br>(-1.86) | -0.050*<br>(-1.67) |
| *Collateral* | 0.065***<br>(2.61) | 0.066***<br>(2.64) | 0.067***<br>(2.67) | 0.064**<br>(2.57) |
| *Spreads* | -0.060***<br>(-5.36) | -0.061***<br>(-5.55) | -0.064***<br>(-5.85) | -0.061***<br>(-5.47) |
| *Covenants* | 0.049***<br>(6.92) | 0.049***<br>(6.97) | 0.048***<br>(6.82) | 0.049***<br>(6.90) |
| IMR | -0.253<br>(-1.57) | -0.231<br>(-1.43) | -0.235<br>(-1.44) | -0.220<br>(-1.37) |
| Year | Yes | Yes | Yes | Yes |
| Industry | Yes | Yes | Yes | Yes |
| Adjusted $R^2$ | 0.313 | 0.313 | 0.308 | 0.313 |
| N | 824 | 824 | 824 | 824 |
| Panel C:<br>被解释变量 | (1) | (2) | (3) | (4) |
| | *Cvenants* | | | |
| Intercept | 1.262<br>(0.53) | 1.461<br>(0.62) | 1.471<br>(0.62) | 1.564<br>(0.66) |
| *Law* | -0.010*<br>(-1.80) | | | |
| *Finance* | | -0.036*<br>(-1.95) | | |

续表

| Panel C：被解释变量 | (1) | (2) | (3) | (4) |
|---|---|---|---|---|
| | *Cvenants* | | | |
| *Government* | | | -0.012<br>(-1.27) | |
| *Trust* | | | | -0.010<br>(-1.35) |
| *Size* | -0.131*<br>(-1.82) | -0.136*<br>(-1.89) | -0.134*<br>(-1.87) | -0.140*<br>(-1.96) |
| *LEV* | 0.532***<br>(2.79) | 0.519***<br>(2.72) | 0.539***<br>(2.82) | 0.531***<br>(2.78) |
| *MTB* | 0.019<br>(0.81) | 0.023<br>(0.98) | 0.016<br>(0.69) | 0.022<br>(0.92) |
| *GRW* | -0.001<br>(-0.03) | -0.003<br>(-0.06) | -0.001<br>(-0.02) | -0.002<br>(-0.04) |
| *ROA* | 0.788<br>(1.14) | 0.727<br>(1.05) | 0.755<br>(1.09) | 0.689<br>(1.00) |
| *Tangible* | -0.041<br>(-0.31) | -0.033<br>(-0.25) | -0.032<br>(-0.24) | -0.030<br>(-0.22) |
| *Big4* | 0.002<br>(0.04) | 0.005<br>(0.09) | -0.008<br>(-0.13) | 0.006<br>(0.10) |
| *Duality* | 0.018<br>(0.44) | 0.014<br>(0.34) | 0.014<br>(0.34) | 0.012<br>(0.30) |
| *IndDirectors* | 0.051<br>(0.19) | 0.068<br>(0.25) | 0.081<br>(0.30) | 0.087<br>(0.32) |
| *Amount* | 0.024<br>(0.87) | 0.025<br>(0.93) | 0.021<br>(0.77) | 0.023<br>(0.85) |
| *CreditRating* | -0.008<br>(-0.17) | -0.009<br>(-0.18) | -0.007<br>(-0.14) | -0.008<br>(-0.17) |
| *Collateral* | -0.165***<br>(-4.36) | -0.165***<br>(-4.36) | -0.166***<br>(-4.36) | -0.164***<br>(-4.32) |
| *Spreads* | -0.016<br>(-0.82) | -0.015<br>(-0.76) | -0.013<br>(-0.67) | -0.014<br>(-0.74) |

续表

| Panel C:<br>被解释变量 | (1) | (2) | (3) | (4) |
|---|---|---|---|---|
| | *Cvenants* | | | |
| *Maturity* | 0.442 ***<br>(7.00) | 0.444 ***<br>(7.02) | 0.436 ***<br>(6.95) | 0.442 ***<br>(7.00) |
| IMR | −0.093<br>(−0.39) | −0.122<br>(−0.50) | −0.099<br>(−0.41) | −0.134<br>(−0.55) |
| Year | Yes | Yes | Yes | Yes |
| Industry | Yes | Yes | Yes | Yes |
| Pseudo $R^2$ | 0.052 | 0.052 | 0.052 | 0.052 |
| N | 824 | 824 | 824 | 824 |

注：括号内值为t值和z值；***、**、*分别表示在1%、5%、10%的水平上显著。

（2）公司地理位置选择的内生性问题。公司地理位置的选择会与公司质量相关，拥有较差质量水平的公司可能更倾向于在外部制度环境不严格的地区上市，进而影响公司的债务融资水平。此时，公司地理位置的选择会与一个对公司债务融资产生影响的遗漏变量相关，进而导致制度环境与公司债券发行契约条款间的关系受到样本自选择问题的影响。为降低公司地理位置选择所产生的内生性问题，本书参考 Francis 等（2010）和 Waisman（2013）的做法，使用 Heckman 两阶段估计模型（Heckman，1979）对模型（5－5）至模型（5－7）重新进行回归，以控制公司自选择地理位置对实证结果产生的影响。在第一阶段中，本书以公司是否地处中心城市这一虚拟变量为被解释变量，使用 Probit 模型估计哪些因素会对其产生影响。在第一阶段的回归后，我们可得到用于作为第二阶段解释变量的逆米尔斯系数（IMR），随后进行控制样本自选择问题后的实证回归。具体做法如下：

第一阶段，本书建立公司是否处于中心城市的 Probit 回归模型。模型表示为：

$$Center_{it} = \beta_0 + \beta_1 Size_{it} + \beta_2 Lev_{it} + \beta_3 MTB_{it} + \beta_4 GRW_{it} + \beta_5 ROA_{it} + \beta_6 Tangible_{it} + \beta_7 Big4_{it} + \beta_8 Board_{it} + \beta_9 IndDirectors_{it} + Industry\ fixed\ effects + \varepsilon_{it} \tag{5-8}$$

式中，*Center* 代表公司是否处于中心城市的虚拟变量，当公司注册地为北京、上海或广东时，取值为 1，否则为 0。本书在模型中加入了公司规模（*Size*）、资产负债率（*LEV*）、市账率（*MTB*）、公司成长性（*GRW*）、盈利能力（*ROA*）、有形资产比率（*Tangible*）、是否由四大会计师事务所审计（*Big*4）、董事会规模（*Board*）、独立董事占比（*IndDirectors*），以及行业的固定效应为控制变量。Heckman 第二阶段中，本书将 IMR 纳入模型中，重新回归模型（5－5）至模型（5－7），检验控制公司自选择地理位置后的制度环境与债券契约条款间的关系。

表 5－10 显示 Heckman 两阶段的第一阶段结果。结果显示，规模越大的公司、市账率越高的公司、由四大会计师事务所审计的公司、董事会规模越大的公司更倾向于选择中心城市建立公司。而资产负债率越高的公司、有形资产比率越高的公司更不倾向于选择中心城市建立公司。表 5－11 显示的为 Heckman 两阶段中第二阶段的实证结果。由表 5－11 的 Panel A 可见，在控制了公司选择地理位置产生的影响后，公司所在地区的法律制度子环境、金融发展子环境、政府质量子环境和社会信任子环境对债券发行利差均呈显著负向影响。所有结果均与表 5－6 结果一致。此外，本书发现逆米尔斯系数（IMR）在统计上均不显著，说明公司选择地理位置并不会对制度环境与债券发行利差的关系产生内生性的影响。由表 5－11 的 Panel B 可见，在控制了公司选择地理位置产生的影响后，公司所在地区的法律制度子环境、金融发展子环境和社会信任子环境对债券发行期限仍然呈显著正向影响，所有结果与表 5－7 结果一致。此外，Panel B 中逆米尔斯系数（IMR）在统计上都显著，说明在制度环境与债券发行期限间关系存在严重的样本选择偏差问题，并且在考虑了公司选择地理位置产生的样本选择偏差后，制度环境仍然对债券发行期限产生显著的正向影响。由表 5－11 的 Panel C 可见，在控制了选择样本偏差产生的影响后，公司所在地区的法律制度子环境、金融发展子环境与债券限制性条款强度呈显著负相关关系。该结果与表 5－8 结果一致。同时，逆米尔斯系数（IMR）在统计上不显著，说明公司选择地理位置并不会对制度环境与债券限制性条款强度的关系产生内生性的影响。

表 5-10 Heckman 第一阶段

| | |
|---|---|
| Intercept | -13.239***<br>(-10.07) |
| *Size* | 0.298***<br>(6.09) |
| *LEV* | -1.844***<br>(-3.69) |
| *MTB* | 0.402***<br>(4.60) |
| *GRW* | -0.083<br>(-0.58) |
| *ROA* | -3.073<br>(-1.53) |
| *Tangible* | -0.954***<br>(-2.63) |
| *Big4* | 0.693***<br>(4.85) |
| *Board* | 0.816***<br>(3.00) |
| *IndDirectors* | 0.269<br>(0.28) |
| _cons | -13.239***<br>(-10.07) |
| Pseudo $R^2$ | 0.170 |
| N | 824 |

注：括号内值为 z 值；***、**、* 分别表示在 1%、5%、10% 的水平上显著。

表 5-11 控制公司位置选择后的两阶段实证结果

| Panel A：<br>被解释变量 | (1) | (2) | (3) | (4) |
|---|---|---|---|---|
| | *Spreads* | | | |
| Intercept | 9.553***<br>(4.93) | 9.659***<br>(5.01) | 10.255***<br>(5.30) | 9.283***<br>(4.77) |

续表

| Panel A：被解释变量 | (1) | (2) | (3) | (4) |
|---|---|---|---|---|
| | Spreads | | | |
| *Law* | -0.046***<br>(-3.99) | | | |
| *Finance* | | -0.092**<br>(-2.58) | | |
| *Government* | | | -0.043*<br>(-1.84) | |
| *Trust* | | | | -0.042***<br>(-3.28) |
| *Size* | 0.044<br>(0.59) | 0.042<br>(0.55) | 0.034<br>(0.45) | 0.051<br>(0.67) |
| *LEV* | 0.593<br>(1.37) | 0.686<br>(1.57) | 0.646<br>(1.48) | 0.663<br>(1.50) |
| *MTB* | 0.214**<br>(2.25) | 0.214**<br>(2.25) | 0.203**<br>(2.17) | 0.214**<br>(2.23) |
| *GRW* | 0.203<br>(1.57) | 0.201<br>(1.55) | 0.209<br>(1.59) | 0.206<br>(1.59) |
| *ROA* | -5.447***<br>(-4.16) | -5.612***<br>(-4.28) | -5.708***<br>(-4.33) | -5.849***<br>(-4.44) |
| *Tangible* | -0.932***<br>(-3.57) | -0.907***<br>(-3.49) | -0.929***<br>(-3.55) | -0.934***<br>(-3.57) |
| *Big4* | -0.027<br>(-0.20) | -0.068<br>(-0.51) | -0.071<br>(-0.53) | -0.042<br>(-0.31) |
| *Duality* | 0.164<br>(1.57) | 0.139<br>(1.32) | 0.142<br>(1.34) | 0.136<br>(1.31) |
| *IndDirectors* | -0.871<br>(-1.50) | -0.754<br>(-1.29) | -0.769<br>(-1.31) | -0.709<br>(-1.22) |
| *Amount* | -0.158***<br>(-2.66) | -0.157***<br>(-2.65) | -0.169***<br>(-2.82) | -0.159***<br>(-2.72) |
| *CreditRating* | -0.786***<br>(-9.08) | -0.787***<br>(-9.06) | -0.778***<br>(-8.87) | -0.792***<br>(-9.14) |

续表

| Panel A：被解释变量 | (1) | (2) | (3) | (4) |
|---|---|---|---|---|
| | *Spreads* | | | |
| *Collateral* | -0.093<br>(-1.27) | -0.098<br>(-1.33) | -0.099<br>(-1.34) | -0.089<br>(-1.21) |
| *Maturity* | -0.523***<br>(-5.09) | -0.543***<br>(-5.24) | -0.560***<br>(-5.28) | -0.536***<br>(-5.17) |
| *Covenants* | -0.018<br>(-0.83) | -0.017<br>(-0.77) | -0.016<br>(-0.73) | -0.016<br>(-0.73) |
| IMR | 0.378<br>(1.31) | 0.361<br>(1.26) | 0.405<br>(1.41) | 0.381<br>(1.32) |
| Year | Yes | Yes | Yes | Yes |
| Industry | Yes | Yes | Yes | Yes |
| Adjusted $R^2$ | 0.580 | 0.575 | 0.574 | 0.577 |
| N | 824 | 824 | 824 | 824 |
| Panel B：被解释变量 | (1) | (2) | (3) | (4) |
| | *Maturity* | | | |
| Intercept | 4.405***<br>(6.77) | 4.431***<br>(6.81) | 4.342***<br>(6.66) | 4.502***<br>(6.95) |
| *Law* | 0.009**<br>(2.16) | | | |
| *Finance* | | 0.027**<br>(2.19) | | |
| *Government* | | | 0.006<br>(1.06) | |
| *Trust* | | | | 0.010**<br>(2.16) |
| *Size* | 0.003<br>(0.09) | 0.002<br>(0.06) | 0.005<br>(0.16) | 0.000<br>(0.00) |
| *LEV* | 0.355**<br>(2.07) | 0.345**<br>(2.02) | 0.345**<br>(1.98) | 0.347**<br>(2.03) |
| *MTB* | -0.032<br>(-1.01) | -0.033<br>(-1.03) | -0.030<br>(-0.92) | -0.033<br>(-1.02) |

续表

| Panel B:<br>被解释变量 | (1) | (2) | (3) | (4) |
|---|---|---|---|---|
| | *Maturity* | | | |
| *GRW* | 0. 008<br>(0. 27) | 0. 009<br>(0. 32) | 0. 007<br>(0. 26) | 0. 007<br>(0. 27) |
| *ROA* | -0. 963 *<br>( -1. 92) | -0. 948 *<br>( -1. 88) | -0. 938 *<br>( -1. 87) | -0. 884 *<br>( -1. 74) |
| *Tangible* | 0. 226 **<br>(2. 07) | 0. 219 **<br>(2. 01) | 0. 222 **<br>(2. 03) | 0. 226 **<br>(2. 08) |
| *Big4* | -0. 161 ***<br>( -2. 60) | -0. 156 **<br>( -2. 51) | -0. 153 **<br>( -2. 44) | -0. 161 ***<br>( -2. 60) |
| *Duality* | 0. 003<br>(0. 11) | 0. 007<br>(0. 28) | 0. 008<br>(0. 31) | 0. 008<br>(0. 32) |
| *IndDirectors* | 0. 223<br>(1. 21) | 0. 203<br>(1. 10) | 0. 201<br>(1. 08) | 0. 191<br>(1. 04) |
| *Amount* | -0. 001<br>( -0. 08) | -0. 003<br>( -0. 15) | -0. 000<br>( -0. 01) | -0. 002<br>( -0. 09) |
| *CreditRating* | -0. 048<br>( -1. 64) | -0. 048<br>( -1. 64) | -0. 052 *<br>( -1. 76) | -0. 047<br>( -1. 58) |
| *Collateral* | 0. 064 **<br>(2. 58) | 0. 065 ***<br>(2. 61) | 0. 065 ***<br>(2. 63) | 0. 063 **<br>(2. 54) |
| *Spreads* | -0. 059 ***<br>( -5. 39) | -0. 060 ***<br>( -5. 57) | -0. 062 ***<br>( -5. 82) | -0. 059 ***<br>( -5. 50) |
| *Covenants* | 0. 050 ***<br>(7. 09) | 0. 050 ***<br>(7. 13) | 0. 050 ***<br>(7. 01) | 0. 050 ***<br>(7. 07) |
| IMR | -0. 227 **<br>( -2. 15) | -0. 222 **<br>( -2. 10) | -0. 231 **<br>( -2. 16) | -0. 228 **<br>( -2. 16) |
| Year | Yes | Yes | Yes | Yes |
| Industry | Yes | Yes | Yes | Yes |
| Adjusted $R^2$ | 0. 317 | 0. 317 | 0. 314 | 0. 317 |
| N | 824 | 824 | 824 | 824 |

续表

| Panel C：被解释变量 | (1) | (2) | (3) | (4) |
|---|---|---|---|---|
| | Cvenants | | | |
| Intercept | 1.262<br>(0.53) | 1.461<br>(0.62) | 1.471<br>(0.62) | 1.564<br>(0.66) |
| *Law* | -0.010*<br>(-1.80) | | | |
| *Finance* | | -0.036*<br>(-1.95) | | |
| *Government* | | | -0.012<br>(-1.27) | |
| *Trust* | | | | -0.010<br>(-1.35) |
| *Size* | -0.131*<br>(-1.82) | -0.136*<br>(-1.89) | -0.134*<br>(-1.87) | -0.140*<br>(-1.96) |
| *LEV* | 0.532***<br>(2.79) | 0.519***<br>(2.72) | 0.539***<br>(2.82) | 0.531***<br>(2.78) |
| *MTB* | 0.019<br>(0.81) | 0.023<br>(0.98) | 0.016<br>(0.69) | 0.022<br>(0.92) |
| *GRW* | -0.001<br>(-0.03) | -0.003<br>(-0.06) | -0.001<br>(-0.02) | -0.002<br>(-0.04) |
| *ROA* | 0.788<br>(1.14) | 0.727<br>(1.05) | 0.755<br>(1.09) | 0.689<br>(1.00) |
| *Tangible* | -0.041<br>(-0.31) | -0.033<br>(-0.25) | -0.032<br>(-0.24) | -0.030<br>(-0.22) |
| *Big4* | 0.002<br>(0.04) | 0.005<br>(0.09) | -0.008<br>(-0.13) | 0.006<br>(0.10) |
| *Duality* | 0.018<br>(0.44) | 0.014<br>(0.34) | 0.014<br>(0.34) | 0.012<br>(0.30) |
| *IndDirectors* | 0.051<br>(0.19) | 0.068<br>(0.25) | 0.081<br>(0.30) | 0.087<br>(0.32) |
| *Amount* | 0.024<br>(0.87) | 0.025<br>(0.93) | 0.021<br>(0.77) | 0.023<br>(0.85) |

续表

| Panel C:<br>被解释变量 | (1) | (2) | (3) | (4) |
|---|---|---|---|---|
| | *Cvenants* | | | |
| *CreditRating* | -0.008<br>(-0.17) | -0.009<br>(-0.18) | -0.007<br>(-0.14) | -0.008<br>(-0.17) |
| *Collateral* | -0.165***<br>(-4.36) | -0.165***<br>(-4.36) | -0.166***<br>(-4.36) | -0.164***<br>(-4.32) |
| *Spreads* | -0.016<br>(-0.82) | -0.015<br>(-0.76) | -0.013<br>(-0.67) | -0.014<br>(-0.74) |
| *Maturity* | 0.442***<br>(7.00) | 0.444***<br>(7.02) | 0.436***<br>(6.95) | 0.442***<br>(7.00) |
| IMR | -0.093<br>(-0.39) | -0.122<br>(-0.50) | -0.099<br>(-0.41) | -0.134<br>(-0.55) |
| Year | Yes | Yes | Yes | Yes |
| Industry | Yes | Yes | Yes | Yes |
| Pseudo $R^2$ | 0.052 | 0.052 | 0.052 | 0.052 |
| N | 824 | 824 | 824 | 824 |

注：括号内值为 t 值和 z 值；***、**、*分别表示在 1%、5%、10% 的水平上显著。

## 5.3　稳健性检验

### 5.3.1　对公司和年度进行双重聚类调整

本章基本分析使用的普通最小二乘法（OLS）和泊松回归（Poisson）。为得到更为稳健的结论，我们参考 Petersen（2009）的做法，对所有模型采用公司和年度的双重聚类调整标准误来进行回归。检验结果如表 5-12 所示。由表 5-12 可见，在对样本的公司和年度进行双重聚类调整标准误后，公司所在地的法律制度子环境、金融发展子环境、政府质量子环境、社会信任子环境与债券契约条款间的实证结果均与前文一致，说明采用双重聚类调整标准误后，回归结果仍然支持前文的研究。

表 5－12　对公司和年度的双重聚类调整

| Panel A：被解释变量 | (1) | (2) | (3) | (4) |
|---|---|---|---|---|
| | *Spreads* | | | |
| Intercept | 11.634***<br>(9.80) | 11.647***<br>(9.21) | 12.472***<br>(8.64) | 11.381***<br>(9.36) |
| *Law* | -0.046***<br>(-4.43) | | | |
| *Finance* | | -0.093***<br>(-2.90) | | |
| *Government* | | | -0.042**<br>(-1.98) | |
| *Trust* | | | | -0.042***<br>(-3.92) |
| *Size* | -0.042<br>(-0.47) | -0.041<br>(-0.47) | -0.059<br>(-0.71) | -0.036<br>(-0.41) |
| *LEV* | 1.080***<br>(2.89) | 1.151***<br>(2.85) | 1.170***<br>(3.05) | 1.154***<br>(2.97) |
| *MTB* | 0.113**<br>(2.58) | 0.117***<br>(2.69) | 0.095**<br>(2.42) | 0.112***<br>(2.60) |
| *GRW* | 0.225<br>(1.27) | 0.222<br>(1.22) | 0.232<br>(1.26) | 0.227<br>(1.24) |
| *ROA* | -4.599***<br>(-4.42) | -4.799***<br>(-4.44) | -4.801***<br>(-4.24) | -4.994***<br>(-4.72) |
| *Tangible* | -0.706***<br>(-3.06) | -0.691***<br>(-3.06) | -0.687***<br>(-3.11) | -0.706***<br>(-3.18) |
| *Big4* | -0.193<br>(-1.29) | -0.226<br>(-1.44) | -0.249<br>(-1.56) | -0.209<br>(-1.37) |
| *Duality* | 0.168***<br>(2.64) | 0.143**<br>(2.23) | 0.146**<br>(2.38) | 0.139**<br>(2.27) |
| *IndDirectors* | -0.594<br>(-0.69) | -0.487<br>(-0.59) | -0.470<br>(-0.59) | -0.428<br>(-0.54) |
| *Amount* | -0.161*<br>(-1.90) | -0.159*<br>(-1.87) | -0.171*<br>(-1.89) | -0.162**<br>(-1.98) |

续表

| Panel A：被解释变量 | (1) | (2) | (3) | (4) |
|---|---|---|---|---|
| | *Spreads* | | | |
| *CreditRating* | -0.781***<br>(-6.06) | -0.782***<br>(-5.57) | -0.773***<br>(-6.08) | -0.788***<br>(-5.57) |
| *Collateral* | -0.092<br>(-1.31) | -0.098<br>(-1.38) | -0.099<br>(-1.38) | -0.089<br>(-1.26) |
| *Maturity* | -0.532***<br>(-2.95) | -0.551***<br>(-2.86) | -0.569***<br>(-2.85) | -0.545***<br>(-2.84) |
| *Covenants* | -0.017<br>(-0.51) | -0.016<br>(-0.49) | -0.015<br>(-0.45) | -0.015<br>(-0.46) |
| Year | Yes | Yes | Yes | Yes |
| Industry | Yes | Yes | Yes | Yes |
| Adjusted $R^2$ | 0.581 | 0.576 | 0.575 | 0.577 |
| N | 824 | 824 | 824 | 824 |
| Panel B：被解释变量 | (1) | (2) | (3) | (4) |
| | *Maturity* | | | |
| Intercept | 3.201***<br>(10.33) | 3.259***<br>(11.10) | 3.124***<br>(10.06) | 3.297***<br>(11.16) |
| *Law* | 0.009**<br>(2.30) | | | |
| *Finance* | | 0.028**<br>(2.38) | | |
| *Government* | | | 0.006<br>(0.92) | |
| *Trust* | | | | 0.010***<br>(2.68) |
| *Size* | 0.053***<br>(2.65) | 0.050**<br>(2.57) | 0.056***<br>(2.68) | 0.050**<br>(2.48) |
| *LEV* | 0.071<br>(0.46) | 0.069<br>(0.45) | 0.055<br>(0.35) | 0.063<br>(0.40) |
| *MTB* | 0.027<br>(1.12) | 0.024<br>(1.04) | 0.030<br>(1.25) | 0.026<br>(1.07) |

续表

| Panel B：<br>被解释变量 | (1) | (2) | (3) | (4) |
|---|---|---|---|---|
| | *Maturity* | | | |
| *GRW* | -0.005<br>(-0.19) | -0.004<br>(-0.13) | -0.006<br>(-0.22) | -0.005<br>(-0.20) |
| *ROA* | -1.472***<br>(-4.09) | -1.445***<br>(-3.99) | -1.456***<br>(-4.20) | -1.394***<br>(-3.76) |
| *Tangible* | 0.090<br>(0.96) | 0.087<br>(0.95) | 0.085<br>(0.92) | 0.091<br>(1.01) |
| *Big4* | -0.061*<br>(-1.91) | -0.059*<br>(-1.84) | -0.051<br>(-1.55) | -0.061*<br>(-1.85) |
| *Duality* | 0.001<br>(0.04) | 0.005<br>(0.36) | 0.006<br>(0.34) | 0.006<br>(0.40) |
| *IndDirectors* | 0.072<br>(0.18) | 0.055<br>(0.14) | 0.047<br>(0.11) | 0.039<br>(0.09) |
| *Amount* | 0.001<br>(0.02) | -0.001<br>(-0.04) | 0.002<br>(0.08) | 0.000<br>(0.02) |
| *CreditRating* | -0.051**<br>(-2.28) | -0.051**<br>(-2.27) | -0.055**<br>(-2.39) | -0.049**<br>(-2.18) |
| *Collateral* | 0.064***<br>(2.91) | 0.065***<br>(2.97) | 0.065***<br>(3.00) | 0.063***<br>(2.95) |
| *Spreads* | -0.060***<br>(-5.65) | -0.061***<br>(-5.39) | -0.063***<br>(-5.56) | -0.061***<br>(-5.38) |
| *Covenants* | 0.050***<br>(5.61) | 0.050***<br>(5.57) | 0.050***<br>(5.34) | 0.050***<br>(5.42) |
| Year | Yes | Yes | Yes | Yes |
| Industry | Yes | Yes | Yes | Yes |
| Adjusted $R^2$ | 0.315 | 0.316 | 0.311 | 0.315 |
| N | 824 | 824 | 824 | 824 |
| Panel C：<br>被解释变量 | (1) | (2) | (3) | (4) |
| | *Covenants* | | | |
| Intercept | 0.341<br>(0.48) | 0.277<br>(0.39) | 0.513<br>(0.72) | 0.282<br>(0.40) |

续表

| Panel C：<br>被解释变量 | (1) | (2) | (3) | (4) |
|---|---|---|---|---|
| | Covenants | | | |
| *Law* | −0.010 *<br>( −1.68) | | | |
| *Finance* | | −0.033 *<br>( −1.71) | | |
| *Government* | | | −0.013<br>( −1.25) | |
| *Trust* | | | | −0.008<br>( −1.06) |
| *Size* | −0.106 ***<br>( −3.88) | −0.103 ***<br>( −3.72) | −0.108 ***<br>( −4.00) | −0.105 ***<br>( −3.85) |
| *LEV* | 0.566 ***<br>(3.26) | 0.565 ***<br>(3.28) | 0.573 ***<br>(3.28) | 0.580 ***<br>(3.36) |
| *MTB* | 0.006<br>(0.19) | 0.008<br>(0.25) | 0.001<br>(0.04) | 0.005<br>(0.15) |
| *GRW* | −0.004<br>( −0.08) | −0.006<br>( −0.11) | −0.004<br>( −0.07) | −0.004<br>( −0.08) |
| *ROA* | 1.237 *<br>(1.73) | 1.195 *<br>(1.67) | 1.222 *<br>(1.70) | 1.173<br>(1.63) |
| *Tangible* | −0.066<br>( −0.53) | −0.064<br>( −0.52) | −0.059<br>( −0.47) | −0.064<br>( −0.52) |
| *Big4* | −0.004<br>( −0.07) | −0.006<br>( −0.10) | −0.014<br>( −0.25) | −0.007<br>( −0.12) |
| *Duality* | 0.018<br>(0.41) | 0.013<br>(0.31) | 0.014<br>(0.33) | 0.012<br>(0.27) |
| *IndDirectors* | 0.056<br>(0.19) | 0.073<br>(0.25) | 0.087<br>(0.30) | 0.091<br>(0.32) |
| *Amount* | 0.027<br>(0.97) | 0.028<br>(1.04) | 0.024<br>(0.89) | 0.027<br>(0.98) |
| *CreditRating* | −0.013<br>( −0.25) | −0.014<br>( −0.25) | −0.012<br>( −0.21) | −0.013<br>( −0.24) |

续表

| Panel C：<br>被解释变量 | (1) | (2) | (3) | (4) |
|---|---|---|---|---|
| | *Covenants* | | | |
| *Collateral* | -0.163***<br>(-3.94) | -0.163***<br>(-3.94) | -0.163***<br>(-3.94) | -0.161***<br>(-3.91) |
| *Spreads* | -0.015<br>(-0.64) | -0.013<br>(-0.59) | -0.012<br>(-0.54) | -0.013<br>(-0.56) |
| *Maturity* | 0.451***<br>(6.56) | 0.452***<br>(6.59) | 0.445***<br>(6.51) | 0.450***<br>(6.55) |
| Year | Yes | Yes | Yes | Yes |
| Industry | Yes | Yes | Yes | Yes |
| N | 824 | 824 | 824 | 824 |

注：括号内值为 t 值和 z 值；***、**、*分别表示在 1%、5%、10% 的水平上显著。

### 5.3.2 更换限制性条款强度的度量

在主要回归检验中本章主要使用限制性条款的数量度量限制性条款强度。稳健性检验中，本书借鉴以往文献的度量方法（Billett et al.，2007；史永东和田渊博，2016；史永东等，2017；陈超和李镕伊，2014），构建两种限制性条款的强度指数。第一种强度指数的度量方法为每大类限制性条款的 0-1 变量之和除以大类个数（*CIndex*），第二种强度指数的度量方法为限制性条款在每大类中个数的加权得分总和，再除以大类个数（*WCIndex*）。具体的计算步骤已在第 4.3.2 节中说明，在此不再赘述。制度环境与限制性条款强度的其他度量方式结果见表 5-13。表 5-13 显示，无论限制性条款强度的度量指数为 *CIndex* 还是 *WIndex*，金融发展子环境与限制性条款强度间仍呈现显著负相关关系。

**表 5-13 更换限制性条款强度的度量方式**

| Panel A：<br>被解释变量 | (1) | (2) | (3) | (4) |
|---|---|---|---|---|
| | *CIndex* | | | |
| Intercept | 0.081<br>(0.25) | 0.027<br>(0.08) | 0.113<br>(0.34) | 0.019<br>(0.06) |

续表

| Panel A:<br>被解释变量 | (1) | (2) | (3) | (4) |
|---|---|---|---|---|
| | *CIndex* | | | |
| *Law* | -0.004<br>(-1.31) | | | |
| *Finance* | | -0.021**<br>(-2.30) | | |
| *Government* | | | -0.002<br>(-0.33) | |
| *Trust* | | | | -0.006*<br>(-1.79) |
| *Size* | -0.007<br>(-0.65) | -0.005<br>(-0.41) | -0.008<br>(-0.78) | -0.005<br>(-0.48) |
| *LEV* | 0.210***<br>(2.63) | 0.203**<br>(2.57) | 0.219***<br>(2.76) | 0.211***<br>(2.66) |
| *MTB* | 0.010<br>(0.63) | 0.012<br>(0.80) | 0.009<br>(0.55) | 0.010<br>(0.66) |
| *GRW* | 0.003<br>(0.13) | 0.002<br>(0.08) | 0.004<br>(0.13) | 0.004<br>(0.13) |
| *ROA* | 0.358<br>(1.09) | 0.345<br>(1.05) | 0.349<br>(1.06) | 0.315<br>(0.96) |
| *Tangible* | -0.067<br>(-1.11) | -0.067<br>(-1.11) | -0.064<br>(-1.06) | -0.069<br>(-1.14) |
| *Big4* | -0.006<br>(-0.23) | -0.004<br>(-0.16) | -0.010<br>(-0.42) | -0.004<br>(-0.16) |
| *Duality* | 0.010<br>(0.40) | 0.008<br>(0.36) | 0.007<br>(0.31) | 0.008<br>(0.32) |
| *IndDirectors* | 0.064<br>(0.44) | 0.067<br>(0.47) | 0.075<br>(0.52) | 0.079<br>(0.55) |
| *Amount* | -0.012<br>(-0.85) | -0.010<br>(-0.77) | -0.012<br>(-0.88) | -0.011<br>(-0.84) |
| *CreditRating* | -0.011<br>(-0.42) | -0.012<br>(-0.48) | -0.009<br>(-0.36) | -0.012<br>(-0.48) |

续表

| Panel A：被解释变量 | (1) | (2) | (3) | (4) |
|---|---|---|---|---|
| | *CIndex* | | | |
| *Collateral* | -0.051***<br>(-2.68) | -0.051***<br>(-2.68) | -0.051***<br>(-2.70) | -0.050***<br>(-2.64) |
| *Spreads* | -0.013<br>(-1.30) | -0.013<br>(-1.35) | -0.011<br>(-1.15) | -0.013<br>(-1.33) |
| *Maturity* | 0.149***<br>(5.29) | 0.151***<br>(5.37) | 0.147***<br>(5.22) | 0.150***<br>(5.34) |
| Year | Yes | Yes | Yes | Yes |
| Industry | Yes | Yes | Yes | Yes |
| Adjueted $R^2$ | 0.191 | 0.195 | 0.189 | 0.192 |
| N | 824 | 824 | 824 | 824 |
| Panel B：被解释变量 | (1) | (2) | (3) | (4) |
| | *WIndex* | | | |
| Intercept | 0.104<br>(0.32) | 0.046<br>(0.14) | 0.118<br>(0.35) | 0.043<br>(0.13) |
| *Law* | -0.003<br>(-1.03) | | | |
| *Finance* | | -0.021**<br>(-2.23) | | |
| *Government* | | | -0.000<br>(-0.06) | |
| *Trust* | | | | -0.006<br>(-1.63) |
| *Size* | -0.012<br>(-1.06) | -0.009<br>(-0.78) | -0.013<br>(-1.17) | -0.010<br>(-0.87) |
| *LEV* | 0.237***<br>(2.95) | 0.228***<br>(2.88) | 0.245***<br>(3.08) | 0.236***<br>(2.98) |
| *MTB* | 0.014<br>(0.85) | 0.016<br>(1.02) | 0.013<br>(0.79) | 0.014<br>(0.88) |
| *GRW* | 0.002<br>(0.09) | 0.001<br>(0.04) | 0.002<br>(0.09) | 0.003<br>(0.09) |

续表

| Panel B：被解释变量 | (1) | (2) | (3) | (4) |
|---|---|---|---|---|
| | *WIndex* | | | |
| *ROA* | 0.490<br>(1.48) | 0.479<br>(1.45) | 0.483<br>(1.46) | 0.451<br>(1.36) |
| *Tangible* | -0.034<br>(-0.56) | -0.035<br>(-0.57) | -0.032<br>(-0.52) | -0.036<br>(-0.59) |
| *Big4* | -0.004<br>(-0.16) | -0.001<br>(-0.05) | -0.008<br>(-0.31) | -0.002<br>(-0.07) |
| *Duality* | 0.015<br>(0.61) | 0.015<br>(0.59) | 0.013<br>(0.53) | 0.014<br>(0.55) |
| *IndDirectors* | 0.019<br>(0.13) | 0.020<br>(0.14) | 0.029<br>(0.20) | 0.031<br>(0.22) |
| *Amount* | -0.012<br>(-0.89) | -0.011<br>(-0.80) | -0.013<br>(-0.90) | -0.012<br>(-0.87) |
| *CreditRating* | -0.003<br>(-0.13) | -0.005<br>(-0.19) | -0.002<br>(-0.07) | -0.005<br>(-0.19) |
| *Collateral* | -0.054***<br>(-2.81) | -0.054***<br>(-2.82) | -0.055***<br>(-2.84) | -0.053***<br>(-2.77) |
| *Spreads* | -0.014<br>(-1.37) | -0.014<br>(-1.45) | -0.012<br>(-1.24) | -0.014<br>(-1.42) |
| *Maturity* | 0.147***<br>(5.33) | 0.149***<br>(5.44) | 0.145***<br>(5.28) | 0.148***<br>(5.40) |
| Year | Yes | Yes | Yes | Yes |
| Industry | Yes | Yes | Yes | Yes |
| Adjueted $R^2$ | 0.199 | 0.203 | 0.198 | 0.201 |
| N | 824 | 824 | 824 | 824 |

注：括号内值为 t 值；***、**、*分别表示在 1%、5%、10%的水平上显著。

### 5.3.3 针对同一家公司一年内发行多只公司债的处理

由于同一家债券发行公司一年内可能发行多只公司债，为避免重复样本对回归结果产生的影响，本书借鉴 Mansi 等（2011）、Ge 和 Kim（2014）、Gong 等

（2018）的研究，以样本当年发行多只公司债券的发行量为权重，计算加权后的债券发行利差、债券发行期限和限制性条款强度再进行回归检验。回归结果见表5-14。由Panel A可见，法律制度子环境、金融发展子环境、社会信任子环境与债券发行利差的加权值显著负相关，结果部分与表5-6基本一致。在Panel B中，法律制度子环境、金融发展子环境、社会信任子环境与债券发行期限的加权值显著正相关，结果与表5-7一致。在Panel C中，法律制度子环境、金融发展子环境与债券限制性条款强度的加权值显著负相关，结果与表5-8一致。

**表5-14 针对同一家公司一年内发行多只公司债的处理**

| Panel A：<br>被解释变量 | （1） | （2） | （3） | （4） |
|---|---|---|---|---|
| | *Spreads* | | | |
| Intercept | 12.631***<br>(12.05) | 12.611***<br>(12.09) | 13.147***<br>(12.84) | 12.427***<br>(11.74) |
| *Law* | -0.046***<br>(-3.38) | | | |
| *Finance* | | -0.104**<br>(-2.43) | | |
| *Government* | | | -0.026<br>(-1.02) | |
| *Trust* | | | | -0.039**<br>(-2.57) |
| *Size* | -0.291***<br>(-7.70) | -0.287***<br>(-7.50) | -0.307***<br>(-8.30) | -0.289***<br>(-7.61) |
| *LEV* | 1.277***<br>(3.82) | 1.334***<br>(3.98) | 1.378***<br>(4.04) | 1.359***<br>(4.04) |
| *MTB* | 0.084<br>(1.44) | 0.091<br>(1.57) | 0.072<br>(1.25) | 0.085<br>(1.44) |
| *GRW* | 0.299**<br>(2.05) | 0.298**<br>(2.05) | 0.304**<br>(2.06) | 0.306**<br>(2.11) |
| *ROA* | -5.165***<br>(-3.94) | -5.354***<br>(-4.10) | -5.379***<br>(-4.04) | -5.528***<br>(-4.22) |
| *Tangible* | -0.570**<br>(-2.38) | -0.541**<br>(-2.28) | -0.548**<br>(-2.28) | -0.552**<br>(-2.31) |

续表

| Panel A：被解释变量 | (1) | (2) | (3) | (4) |
|---|---|---|---|---|
| | *Spreads* | | | |
| *Big4* | -0.239**<br>(-2.25) | -0.262**<br>(-2.45) | -0.286***<br>(-2.64) | -0.251**<br>(-2.35) |
| *Duality* | 0.120<br>(1.13) | 0.098<br>(0.91) | 0.104<br>(0.96) | 0.096<br>(0.90) |
| *IndDirectors* | -0.128<br>(-0.19) | -0.038<br>(-0.06) | -0.054<br>(-0.08) | -0.005<br>(-0.01) |
| *Maturity* | -0.674***<br>(-4.65) | -0.690***<br>(-4.72) | -0.719***<br>(-4.79) | -0.687***<br>(-4.68) |
| *Covenants* | 0.010<br>(0.43) | 0.011<br>(0.45) | 0.015<br>(0.62) | 0.013<br>(0.52) |
| Year | Yes | Yes | Yes | Yes |
| Industry | Yes | Yes | Yes | Yes |
| Adjusted $R^2$ | 0.518 | 0.513 | 0.510 | 0.513 |
| N | 665 | 665 | 665 | 665 |
| Panel B：被解释变量 | (1) | (2) | (3) | (4) |
| | *Maturity* | | | |
| Intercept | 3.700***<br>(11.04) | 3.735***<br>(11.15) | 3.616***<br>(10.66) | 3.788***<br>(11.33) |
| *Law* | 0.008**<br>(1.98) | | | |
| *Finance* | | 0.027**<br>(2.22) | | |
| *Government* | | | 0.009<br>(1.53) | |
| *Trust* | | | | 0.012**<br>(2.37) |
| *Size* | 0.027**<br>(1.99) | 0.024*<br>(1.78) | 0.030**<br>(2.18) | 0.025*<br>(1.81) |
| *LEV* | 0.143<br>(1.38) | 0.140<br>(1.36) | 0.135<br>(1.30) | 0.135<br>(1.31) |

续表

| Panel B：被解释变量 | (1) | (2) | (3) | (4) |
|---|---|---|---|---|
| | *Maturity* | | | |
| *MTB* | 0.016<br>(0.97) | 0.013<br>(0.81) | 0.019<br>(1.18) | 0.015<br>(0.89) |
| *GRW* | 0.006<br>(0.22) | 0.007<br>(0.26) | 0.006<br>(0.23) | 0.005<br>(0.18) |
| *ROA* | −1.216***<br>(−3.06) | −1.191***<br>(−2.97) | −1.206***<br>(−3.02) | −1.139***<br>(−2.83) |
| *Tangible* | 0.105<br>(1.18) | 0.099<br>(1.12) | 0.102<br>(1.14) | 0.102<br>(1.16) |
| *Big4* | −0.088**<br>(−2.52) | −0.086**<br>(−2.48) | −0.082**<br>(−2.36) | −0.090**<br>(−2.58) |
| *Duality* | −0.008<br>(−0.32) | −0.004<br>(−0.16) | −0.006<br>(−0.24) | −0.003<br>(−0.14) |
| *IndDirectors* | 0.161<br>(0.93) | 0.146<br>(0.84) | 0.152<br>(0.88) | 0.136<br>(0.79) |
| *Spreads* | −0.055***<br>(−5.04) | −0.056***<br>(−5.10) | −0.058***<br>(−5.33) | −0.056***<br>(−5.06) |
| *Covenants* | 0.045***<br>(6.01) | 0.045***<br>(6.08) | 0.045***<br>(5.96) | 0.045***<br>(6.05) |
| Year | Yes | Yes | Yes | Yes |
| Industry | Yes | Yes | Yes | Yes |
| Adjusted $R^2$ | 0.333 | 0.334 | 0.331 | 0.336 |
| N | 665 | 665 | 665 | 665 |
| Panel C：被解释变量 | (1) | (2) | (3) | (4) |
| | *Covenants* | | | |
| Intercept | −1.404<br>(−0.63) | −1.643<br>(−0.75) | −0.920<br>(−0.40) | −1.793<br>(−0.82) |
| *Law* | −0.041*<br>(−1.83) | | | |
| *Finance* | | −0.166**<br>(−2.25) | | |

续表

| Panel C：<br>被解释变量 | (1) | (2) | (3) | (4) |
|---|---|---|---|---|
| | *Covenants* | | | |
| *Government* | | | -0.046<br>(-1.16) | |
| *Trust* | | | | -0.046<br>(-1.61) |
| *Size* | -0.222***<br>(-2.97) | -0.204***<br>(-2.74) | -0.235***<br>(-3.11) | -0.214***<br>(-2.88) |
| *LEV* | 1.637***<br>(2.71) | 1.631***<br>(2.72) | 1.690***<br>(2.79) | 1.692***<br>(2.82) |
| *MTB* | 0.046<br>(0.40) | 0.063<br>(0.55) | 0.030<br>(0.27) | 0.049<br>(0.42) |
| *GRW* | -0.141<br>(-0.70) | -0.147<br>(-0.73) | -0.141<br>(-0.71) | -0.136<br>(-0.68) |
| *ROA* | 5.065*<br>(1.86) | 4.937*<br>(1.81) | 5.004*<br>(1.84) | 4.746*<br>(1.74) |
| *Tangible* | -0.182<br>(-0.38) | -0.156<br>(-0.33) | -0.163<br>(-0.34) | -0.166<br>(-0.35) |
| *Big4* | 0.003<br>(0.02) | 0.003<br>(0.01) | -0.031<br>(-0.16) | 0.004<br>(0.02) |
| *Duality* | 0.075<br>(0.46) | 0.056<br>(0.34) | 0.066<br>(0.40) | 0.052<br>(0.32) |
| *IndDirectors* | 0.399<br>(0.33) | 0.474<br>(0.40) | 0.449<br>(0.38) | 0.518<br>(0.43) |
| *Spreads* | 0.031<br>(0.43) | 0.032<br>(0.45) | 0.045<br>(0.62) | 0.037<br>(0.52) |
| *Maturity* | 1.640***<br>(6.68) | 1.649***<br>(6.74) | 1.624***<br>(6.63) | 1.646***<br>(6.72) |
| Year | Yes | Yes | Yes | Yes |
| Industry | Yes | Yes | Yes | Yes |
| Adjusted $R^2$ | 0.229 | 0.231 | 0.226 | 0.228 |
| N | 665 | 665 | 665 | 665 |

注：括号内值为 t 值；***、**、* 分别表示在 1%、5%、10% 的水平上显著。

## 5.4 本章小结

随着公司债券市场的发展，债券契约条款作为缓解公司内部人与外部债券投资者之间的重要指标，正受到越来越多的关注。本章基于我国目前的制度环境，理论推演了制度环境（包括法律制度子环境、金融发展子环境、政府质量子环境、社会信任子环境）如何影响债券契约条款的设计和安排。本章选取了2008～2016 年 A 股上市公司在深沪证券交易所公开发行的公司债券作为研究样本，以 OLS 和 Poisson 模型进行实证回归，检验制度环境对债券契约的影响。结果发现，制度环境优化会显著降低公司债券发行契约条款的严格程度，即公司所在地区的法律制度环境越好时，债券发行时的利差越低、期限越长且限制性条款强度越低；公司所在地区的金融发展水平越高时，债券发行时的利差越低、期限越长且限制性条款强度越低；公司所在地区的政府质量越高时，债券发行时的利差越低；公司所在地区的社会信任程度越高时，债券发行时的利差越低、发行期限越长。本书首次探讨了中国各地区制度环境在公司债券发行契约条款设计中的作用，有助于丰富发展中国家的制度环境、债券定价、债券期限和限制性条款等文献。

针对内生性问题，本书使用 Heckman 两阶段模型来缓解样本选择偏差问题，在控制了选择样本偏差的内生性问题后，所有结论依旧成立。此外，本书还进行了一系列稳健性检验，在所有稳健性检验中，所有结论均基本成立，说明本书结论是相对稳健的。

# 第6章　终极所有权结构和制度环境对债券契约条款的交互影响

在前两章单独研究终极所有权结构、制度环境对债券契约条款影响的基础上，本章进一步深入系统地研究终极所有权结构与制度环境的交互项对债券契约条款的影响。终极控制股东与外部投资者之间的代理冲突是我国上市公司的主要内部治理问题，缓解这一代理问题的重要方法之一是加强制度环境对外部投资者的保护。随着外部制度环境的改善，一方面终极控制股东的掠夺风险和成本会随之提升，另一方面终极控制股东为隐藏“隧道”行为进行会计信息操纵的可能性会随之降低，进而抑制终极控制股东的掠夺动机和信息操纵动机，缓解公司内部人与外部投资者间的代理冲突和信息不对称问题。因此，终极所有权结构和债券契约条款之间的关系将依赖于外部制度环境的水平。

本章首先对终极所有权结构和制度环境对债券契约条款的交互影响进行理论推演，并提出相关研究假设；在此基础上，应用OLS回归、Poisson回归对终极所有权结构和制度环境的交互项与债券契约条款之间的关系进行实证检验，逐一探索制度环境如何影响终极控制股东现金流量权、两权分离度和产权性质与债券契约条款间关系的机理和路径。

本章后续内容的结构安排如下：第一节分析制度环境与终极所有权结构的交互项对债券契约条款影响的理论基础，并提出相应假设；第二节对研究样本、相关变量和实证研究模型等进行说明；第三节详细探讨本章的实证结果并进行内生性检验；第四节对本章的研究假设进行稳健性检验；第五节对本章内容进行小结。

## 6.1 理论分析与研究假设

公司债券融资契约的设计和安排取决于公司债券的违约风险，而债券的违约风险不仅受到公司特征和公司内部治理的影响，还受到外部制度环境的影响。尤其随着近些年“法与金融”研究的兴起，许多学者通过国际数据研究了不同国家的制度环境差异对公司债券融资能力的影响。各国的法律环境、金融发展和行政管理水平等存在很大差异，不同国家的制度环境在解释公司债务融资水平上与公司特征和内部公司治理具有同样重要的地位。Miller 和 Puthenpurackal（2002）分析了 16 个国家 260 只扬基债的定价，发现当债券发行公司所处国家的投资者保护程度较弱或信息披露环境较差时，债券投资者要求的风险溢价更高。Boubakri 和 Ghouma（2010）使用跨国数据实证检验了债权人保护程度对债券融资成本的影响。研究发现，地区法律执行质量会对债券投资者和债券信用评级公司产生重要影响，地区的投资者法律保护程度越高，公司发行债券的利差越低，信用评级越高。Qi 等（2011）分析了扬基债券限制性条款的使用情况。研究发现，债券发行公司所处国家的法律环境与限制性条款存在替代关系，当债权人法律保护程度越高时，公司发行债券的限制性条款数量越少且种类越单一。Awartani 等（2016）实证研究了中东和北非地区国家的制度环境如何影响债务期限的选择。研究发现，制度质量的差异（如法律法规、监管有效性、债权人保护程度）在很大程度上解释了不同国家的公司在长期负债使用上的差异。Gu 和 Kowalewski（2016）使用 1978～2011 年 42 个发展中及发达国家的跨国数据进行实证研究发现，良好的债权人保护环境会加速债券市场的发展。

制度环境在降低交易成本、提高市场效率方面起到关键作用（North，1990）。首先，高质量的制度环境会创造高质量的信息需求，缓解地区的信息不对称问题。市场可以有效进行资源配置，但由于市场主体间存在信息不对称问题，追求机会主义的公司内部人会导致市场失灵，降低交易效率，侵害外部投资者利益。制度环境的提升会提高公司披露的会计信息质量（Anagnostopoulou，2017），高质量的会计信息能够给市场参与者提供更多的决策信息，帮助其评估公司未来经营情况和违约情况，进而影响契约条款的设计（Bharath et al.，2008；Graham et al.，2008）。同时，严格的外部制度环境能够帮助债券投资者获取更多公司信息，帮助其对公司进行全面评估，降低投资者因信息不对称问题产生的损失。在制度完善的地区，公司内部人为追求私有收益而操控信息的行为会受到严格的监管，当公司公开披露的会计信息不符合相关规定致使投资者遭受经济损失时，其将会面临较高的诉讼风险和处罚成本。考虑到信息操纵所面临的法律风险和成本，公司内部人利用控制权操纵会计信息的意愿降低。其次，良好的制度环境可以约束终极控制股东的掠夺行为，减缓其与外部投资者间的代理冲突。拥有绝对控制权的控制股东一般会通过关联交易、支付高额薪酬、贷款担保、窃取公司成长机会、直接偷盗和舞弊等“隧道”行为对公司实施掏空，损害外部投资者的利益（Johnson et al. 2000）。高水平的制度质量会成为公司有效的外部治理机制。当掌握绝对控制权的终极控制股东通过关联交易、资金侵占和信贷担保等内部交易掠夺外部债权人的利益时，良好的制度环境会增加内部人的法律风险和掠夺成本，一旦内部人的掠夺行为败露，其将面临严峻的法律诉讼风险、高额处罚和声誉损失，高昂的掠夺成本会削弱内部人的掠夺动机，进而缓解内部人与外部投资者间的代理冲突。最后，高质量的制度环境可以降低公司的腐败成本。更高的两权分离度会加剧终极控制股东对外部投资者的利益侵占，为降低实施利益侵占这一违法行为所面临的处罚成本，终极控制股东倾向于通过行贿行为获取政治庇护。政治腐败会弱化地区的法律执行效率（Djankov et al.，2003）。公司内部人通过行贿行为所寻求的政府官员庇护会成为其掠夺行为强有力的“保护伞”。即使内部人的掠夺行为败露，通过行贿行为得到的政治庇护也不会使其承担过重的法律负担，进而加强内部人的掠夺动机。然而，高效、廉洁的政府会降低终极控制股东的“寻租”空间，降低终极控制股东的掏空动机，同时降低管理人的腐败动机和腐败成本，进而更好地保护外部投资者。

中国自1978年开始实施经济改革至今，已有40余年。成功的市场化改革促使中国环境发生巨大变化，现如今，中国已超越日本，成为仅次于美国的世界第二大经济体。然而，虽然中国在市场化改革的过程中经历了一场举世瞩目的经济增长，但一些发展中带来的问题逐渐暴露出来，其最主要的一点即为由于各地区资源禀赋、地理位置及政策的不同，导致不同地区的发展程度差异很大。就法律环境而言，我国仅有少部分东部省份的法律制度环境发展较好，而大部分中西部和东北省份，仍处于相对落后的水平（王小鲁等，2016）。在中国，不同地区的法律制度、金融发展、政府质量和社会信任等存在很大差异，这些制度环境的差异会对公司内部人的掏空动机和掠夺行为产生重要影响。制度环境的改善能够有效抑制终极控制股东的机会主义行为、降低公司债务的代理成本、缓解信息不对称程度、降低腐败成本，从而降低债券投资者面临的代理风险、信息风险和违约风险。当公司所处地区的制度环境越好时，市场中的监管力度越大且信息透明度越高，此时对终极控制股东掏空行为的处罚力度越大、约束效应越强，终极控制权因两权分离度产生的掏空动机降低。与此同时，公司所处地区的制度环境可能被债券投资者视为评估债务人信用质量的尺度，这意味着当制度环境的发展水平越好时，债券投资者将高现金流量权和国有产权性质作为公司债券信用保证的程度减弱。良好的制度环境抑制了公司内部人的掠夺动机，保证了债券发行公司的还款能力，减少了债券投资者面临的违约损失，进而削弱终极控制股东现金流量权与国有终极控制股东类型对债券契约条款产生的正面影响。

据此，本书提出以下假设：

假设 H1：良好的制度环境会削弱终极控制股东的现金流量权对债券契约条款产生的正面影响。

假设 H2：良好的制度环境会削弱终极控制股东的两权分离度对债券契约条款产生的负面影响。

假设 H3：良好的制度环境会削弱国有终极控制股东类型对债券契约条款产生的正面影响。

## 6.2 实证研究设计

### 6.2.1 研究变量的定义

#### 6.2.1.1 被解释变量

与前两章相同，本章的被解释变量依旧是债券契约条款，债券契约条款包括

债券发行利差（Spreads）、债券发行期限（Maturity）、债券限制性条款强度（Covenants）三个代理变量，本章对被解释变量定义的总结如前述第 4 章的表 4 -1所示。

6.2.1.2　解释变量

本章的解释变量是终极所有权结构（包括现金流量权、控制权和现金流量权的分离度、终极控制股东类型）、制度环境、终极所有权结构与制度环境的交互项。其中，终极所有权结构的度量方式与第 4 章的定义一致，现金流量权变量使用每条控制链条上的持股比例乘积之和来度量；两权分离度变量使用控制权与现金流量权的比值来度量；终极控制股东类型变量使用公司产权属性是否为国有的二元虚拟变量来度量；考虑到本章中的制度环境是由法律制度子环境、金融发展子环境、政府质量子环境和社会信任子环境四个指标组成的，并参考王小鲁等（2016）、徐浩和冯涛（2018）的研究，本书以第 5 章中四个方面的子环境指数按照等权重计算的方法合成制度环境指数。由此可见，制度环境是一个得分从 0 ~ 10的指数，指数越大，代表公司所处地区的制度环境越好，外部环境对公司债权人的保护程度越高，契约的执行效率越高。终极所有权结构和制度环境的交互项包括终极控制股东的现金流量权与制度环境的交互项（CFRights × Institutions）、终极控制股东的两权分离度与制度环境的交互项（Separation × Institutions）、终极控制股东类型与制度环境的交互项（State × Institutions）。解释变量的详细定义见表 6 -1 所示。

**表 6 -1　解释变量的定义**

| 变量名称 | 变量符号 | 变量定义 | 理论预期 | | |
|---|---|---|---|---|---|
| | | | 发行利差 | 发行期限 | 限制性条款强度 |
| 现金流量权 | *CFRights* | 每条控制链条上持股比例乘积之和 | - | + | - |
| 控制权和现金流量权的分离度 | *Separation* | 控制权/现金流量权 | + | - | + |
| 终极控制股东类型 | *State* | 当终极控制股东类型为国有时取值为 1，否则为 0 | - | + | - |

续表

| 变量名称 | 变量符号 | 变量定义 | 理论预期 | | |
|---|---|---|---|---|---|
| | | | 发行利差 | 发行期限 | 限制性条款强度 |
| 制度环境 | *Institutions* | 法律制度、金融发展、政府质量和社会信任四个子环境指标按等权重计算方法合成 | − | + | − |
| 现金流量权与制度环境的交互项 | *CFRights* × *Institutions* | 现金流量权与制度环境的乘积 | + | − | + |
| 两权分离度与制度环境的交互项 | *Separation* × *Institutions* | 两权分离度与制度环境的乘积 | − | + | − |
| 终极控制股东类型与制度环境的交互项 | *State* × *Institutions* | 终极控制股东类型与制度环境的乘积 | + | − | + |

6.2.1.3　控制变量的定义

与第4、5章相同，本章选择的控制变量包括公司特征、公司治理和债券特征三个部分，本章对控制变量定义的总结如前述第4章表4－3所示。

### 6.2.2　样本选择和实证模型的设计

6.2.2.1　数据来源

本章债券契约中的发行利率、发行期限、发行金额、是否有担保、债券发行时主体评级以及国债收益率等数据均来自Wind数据库。限制性条款通过阅读债券发行上市公司公布的《公开发行公司债券募集说明书》，进行手工收集和整理。终极所有权结构数据来自国泰安数据服务中心（CSMAR）的股东研究数据库。制度环境数据来源与上一章相同，此时不再赘述。其他公司数据均来自国泰安数据服务中心（CSMAR）。

6.2.2.2　样本选择

与第5章相同，本章选取从2008～2016年在上海、深圳证券交易所发行的公司债券作为研究样本，并按照如下标准筛选：①剔除非上市公司发行的公司债券；②剔除金融类上市公司发行的公司债券；③剔除相关变量数据不全的公司；

④为了降低异常值的影响，将所有连续变量进行上下1%的Winsorize处理；⑤剔除位于西藏自治区公司发行的公司债券。根据上述原则，本书最终得到了802个观察值。

6.2.2.3 实证模型的设计

为了检验终极所有权结构与制度环境之间的交互项如何影响债券发行利差，本书构建回归估计模型如式（6－1）所示：

$$Spreads_{it} = \beta_0 + \beta_1 UOS_{it} + \beta_2 Institutions_{it} + \beta_3 UOS_{it} \times Institutions_{it} + \sum_{j=1}^{12} \beta_{3+j} ControlVAR_{it} + \beta_{16} Maturity_{it} + \beta_{17} Covenants_{it} + Year\ fixed\ effects + Industry\ fixed\ effects + \varepsilon_{it} \quad (6-1)$$

为了检验终极所有权结构与制度环境之间的交互项如何影响债券发行期限，本书构建回归估计模型如式（6－2）所示：

$$Maturity_{it} = \beta_0 + \beta_1 UOS_{it} + \beta_2 Institutions_{it} + \beta_3 UOS_{it} \times Institutions_{it} + \sum_{j=1}^{12} \beta_{3+j} ControlVAR_{it} + \beta_{16} Spreads_{it} + \beta_{17} Covenants_{it} + Year\ fixed\ effects + Industry\ fixed\ effects + \varepsilon_{it} \quad (6-2)$$

为了检验终极所有权结构与制度环境之间的交互项如何影响债券限制性条款强度，本书构建回归估计模型如式（6－3）所示：

$$Covenants_{it} = \beta_0 + \beta_1 UOS_{it} + \beta_2 Institutions_{it} + \beta_3 UOS_{it} \times Institutions_{it} + \sum_{j=1}^{12} \beta_{3+j} ControlVAR_{it} + \beta_{16} Spreads_{it} + \beta_{17} Maturity_{it} + Year\ fixed\ effects + Industry\ fixed\ effects + \varepsilon_{it} \quad (6-3)$$

式中，*Spreads* 代表公司债券发行利差，*Maturity* 代表公司债券发行期限，*Covenants* 代表公司债券限制性条款强度。解释变量 *UOS* 代表终极所有权结构，包含现金流量权（*CFRights*）、两权分离度（*Separation*）、终极控制股东类型（*State*）共三个代理变量；*Institutions* 代表制度环境；*UOS* × *Institutions* 代表终极所有权结构与制度环境的交互项，其中包括终极控制股东的现金流量权与制度环境的交互项（*CFRights* × *Institutions*）、终极控制股东的两权分离度与制度环境的交互项（*Separation* × *Institutions*）、终极控制股东类型与制度环境的交互项（*State* × *Institutions*）。*ControlVAR* 为控制变量，相关研究变量定义见表4－3。为研究债券发行利差、发行期限和限制性条款强度相互间的影响，本书在每个回归估计模型中加入另两个债券契约条款为控制变量。同时，为降低解释变量间的多重共线性，本书先分别将现金流量权（*CFRights*）、两权分离度（*Separation*）和制度环境（*Institutions*）进行中心化处理后再进行交互，以此避免交互项与其他解释变量间存在的多重共线性对回归的影响。此外，为避免异常值影响，本书对连续变量进行了上下1%的Winsorize处理。为避免行业和年度异质性的影响，本书还控制了行业Industry和年度Year固定效应。

### 6.2.3 实证结果分析

#### 6.2.3.1 多元回归分析

为检验假设H1~H2，本章首先使用控制行业和年度固定效应的模型（6-1）来分析终极所有权结构与制度环境的交互项与债券发行利差间的关系。表6-2报告了实证分析结果，其中第（1）列报告了终极控制股东的现金流量权与制度环境的交互项对债券发行利差的影响，第（2）列报告了两权分离度与制度环境的交互项对债券发行利差的影响，第（3）列报告了终极控制股东的国有属性与制度环境的交互项对债券发行利差的影响。

由表6-2可见，终极控制股东的现金流量权（*CFRights*）、两权分离度（*Separation*）和终极控制股东的国有属性（*State*）分别与债券发行利差间的系数在5%的水平上显著为负，在1%的水平上显著为正以及在1%的水平上显著为负，结果说明当终极控制股东的现金流量权越大时，两权分离度越小时，或当终极控制股东的类型为国有时，公司债券的发行利差越低。这一实证结果与第4章表4-8中结果一致，结果再次验证了终极控制股东的现金流量权、国有属性与债券发行利差间的显著负向关系，以及两权分离度与债券发行利差间的显著正向关系。同时，制度环境（*Institutions*）和债券发行利差的系数在1%的水平上显著为负，说明良好的制度环境会增强债券投资者的投资信心，降低其对债券契约条款的要求，进而降低债券融资成本，结果验证了制度环境与债券发行利差间的显著负相关关系。

在表6-2第（1）列中，终极控制股东的现金流量权与制度环境的交互项（*CFRights*×*Institutions*）系数在10%的水平上显著为正，表明良好的制度环境会削弱现金流量权与债券发行利差间的负相关关系，验证了假设H1。这一实证结果说明，良好的制度环境会增加终极控制股东实施掠夺行为面临的风险和成本，从而降低内部人利用控制权获取私有收益的动机，进而抑制其掏空动机，增强投资者的投资信心。与现金流量权的作用一致，债券投资者将良好的制度环境视为自身利益的保护机制，以及当公司所处地区的制度环境越好时，公司控制股东的掠夺动机降低，此时现金流量权对债券投资者的保护程度降低，而债券投资者对公司股东持有现金流量权的关注度降低。因此，与现金流量权存在替代关系的制度环境会削弱终极控制股东现金流量权与债券发行利差间的负相关关系。

在第（2）列中，终极控制股东的两权分离度与制度环境的交互项（*Separation × Institutions*）系数在 5% 的水平上显著为负，表明良好的制度环境会削弱两权分离度与债券发行利差间的正相关关系，验证了假设 H2。这一实证结果说明，制度环境的提升会增加终极控制股东的掠夺成本和掠夺风险，在这种情况下，尽管终极控制股东的两权分离度较高，高昂的掠夺成本和风险也会抑制其实施掠夺的动机，进而缓解内部人与债券投资者间的信息不对称问题和委托代理冲突，降低债券投资者的风险溢价。因此，制度环境的提升会削弱两权分离度与债券发行利差间的正相关关系。

在第（3）列中，终极控制股东的国有属性与制度环境的交互项（*State × Institutions*）系数在 5% 的水平上显著为正，表明良好的制度环境会削弱公司的国有产权性质与债券发行利差间的负相关关系，验证了假设 H3。这一结果说明，良好的制度环境和公司的国有产权性质均会降低公司内部人的掏空和信息操控动机，降低公司内部人与外部投资者间的信息不对称和代理冲突，因此，制度环境与国有产权性质对债券投资者的作用相同，其两者间存在替代关系，此时，制度环境的提升会削弱终极控制股东的国有属性与债券发行利差间的负相关关系。

**表 6－2　终极所有权结构、制度环境与债券发行利差的多元回归结果**

| 变量 | （1） | （2） | （3） |
|---|---|---|---|
| Intercept | 11.785***<br>（10.22） | 11.773***<br>（10.31） | 11.446***<br>（11.16） |
| *CFRights* | －0.462**<br>（－2.20） | | |

续表

| 变量 | (1) | (2) | (3) |
| --- | --- | --- | --- |
| *Separation* | | 0.087**<br>(2.06) | |
| *State* | | | -1.511***<br>(-6.05) |
| *Institutions* | -0.084***<br>(-3.70) | -0.083***<br>(-3.79) | -0.134***<br>(-3.94) |
| *CFRights* × *Institutions* | 0.186*<br>(1.73) | | |
| *Separation* × *Institutions* | | -0.054**<br>(-1.99) | |
| *State* × *Institutions* | | | 0.087**<br>(2.28) |
| *Size* | -0.033<br>(-0.75) | -0.032<br>(-0.78) | -0.023<br>(-0.66) |
| *LEV* | 1.146***<br>(3.86) | 1.176***<br>(4.03) | 1.155***<br>(4.64) |
| *MTB* | 0.097*<br>(1.81) | 0.101*<br>(1.89) | 0.037<br>(0.81) |
| *GRW* | 0.226*<br>(1.81) | 0.233*<br>(1.83) | 0.133<br>(1.22) |
| *ROA* | -4.455***<br>(-3.92) | -4.536***<br>(-3.99) | -3.967***<br>(-3.82) |
| *Tangible* | -0.710***<br>(-3.62) | -0.768***<br>(-3.92) | -0.290<br>(-1.61) |
| *Big4* | -0.204**<br>(-2.17) | -0.188**<br>(-2.07) | -0.226***<br>(-2.84) |
| *Duality* | 0.134<br>(1.22) | 0.145<br>(1.35) | 0.050<br>(0.53) |
| *IndDirectors* | -0.864*<br>(-1.70) | -0.872*<br>(-1.72) | -0.454<br>(-1.05) |

续表

| 变量 | (1) | (2) | (3) |
|---|---|---|---|
| *Amount* | -0.168*** | -0.173*** | -0.189*** |
| | (-2.81) | (-2.88) | (-3.80) |
| *CreditRating* | -0.774*** | -0.794*** | -0.553*** |
| | (-8.89) | (-9.17) | (-6.72) |
| *Collateral* | -0.074 | -0.083 | 0.050 |
| | (-1.01) | (-1.12) | (0.81) |
| *Maturity* | -0.477*** | -0.479*** | -0.355*** |
| | (-4.55) | (-4.52) | (-3.81) |
| *Covenants* | -0.025 | -0.031 | -0.038** |
| | (-1.14) | (-1.42) | (-2.05) |
| Year | Yes | Yes | Yes |
| Industry | Yes | Yes | Yes |
| Adjueted $R^2$ | 0.592 | 0.593 | 0.686 |
| N | 802 | 802 | 802 |

注：括号内值为t值；***、**和*分别代表在1%、5%和10%的水平上显著。

表6-3报告了模型（6-2），即终极所有权结构、制度环境与债券发行期限的多元回归结果。由表6-3可见，控制权和现金流量权分离度的代理变量（*Separation*）与债券发行期限间系数在5%的水平上显著为负，说明终极控制股东的两权分离度越大时，公司债券的发行期限越短。这一实证结果与第4章表4-9中结果一致，结果再次验证了两权分离度与债券发行期限间的显著负向关系。表6-3第（1）、（2）列中的制度环境（*Institutions*）代理变量与债券发行期限系数均在5%的水平上显著为正，说明良好的制度环境会增强债券投资者的投资信心，降低其对债券契约条款的要求，进而帮助公司发行期限较长的公司债券，结果验证了制度环境与债券发行期限间的显著正相关关系。然而，终极所有权结构与制度环境交互项（包括 *CFRights* × *Institutions*、*Separation* × *Institutions*、*State* × *Institutions*）的系数均不显著，说明良好的制度环境并不会对终极所有权结构与债券发行期限间的关系产生影响，未验证假设H1～H3。产生这一结果的原因可能为，样本债券中62.22%的债券期限为5年，13.34%的债券期限为3

年，11.72%的债券期限为7年，公司债其他期限占比总和小于13%。由此可见，我国公司债市场发行期限的分散度较低，这使不同制度环境对终极所有权结构与债券发行期限间关系的影响程度较弱，进而导致实证回归中制度环境与终极所有权结构的交互项对债券发行期限未产生显著影响。

**表6-3 终极所有权结构、制度环境与债券发行期限的多元回归结果**

| 变量 | (1) | (2) | (3) |
|---|---|---|---|
| Intercept | 3.050***<br>(7.50) | 2.981***<br>(7.37) | 3.038***<br>(7.37) |
| *CFRights* | 0.092<br>(1.41) | | |
| *Separation* | | -0.036**<br>(-2.42) | |
| *State* | | | -0.113<br>(-1.32) |
| *Institutions* | 0.019**<br>(2.45) | 0.019**<br>(2.47) | 0.007<br>(0.68) |
| *CFRights* × *Institutions* | 0.033<br>(0.78) | | |
| *Separation* × *Institutions* | | -0.015<br>(-1.41) | |
| *State* × *Institutions* | | | 0.022<br>(1.60) |
| *Size* | 0.028*<br>(1.77) | 0.036**<br>(2.26) | 0.033**<br>(2.08) |
| *LEV* | 0.145<br>(1.35) | 0.128<br>(1.18) | 0.126<br>(1.17) |
| *MTB* | 0.030*<br>(1.84) | 0.033**<br>(2.02) | 0.035**<br>(2.17) |
| *GRW* | 0.007<br>(0.25) | 0.011<br>(0.39) | 0.006<br>(0.22) |

续表

| 变量 | (1) | (2) | (3) |
|---|---|---|---|
| *ROA* | -1.392 ***<br>(-3.11) | -1.381 ***<br>(-3.09) | -1.357 ***<br>(-3.00) |
| *Tangible* | 0.116<br>(1.33) | 0.121<br>(1.39) | 0.120<br>(1.35) |
| *Big4* | -0.082 **<br>(-2.33) | -0.079 **<br>(-2.30) | -0.082 **<br>(-2.37) |
| *Duality* | 0.006<br>(0.25) | 0.000<br>(0.00) | 0.005<br>(0.19) |
| *IndDirectors* | 0.037<br>(0.22) | 0.047<br>(0.27) | 0.033<br>(0.20) |
| *Amount* | 0.027<br>(1.53) | 0.026<br>(1.48) | 0.027<br>(1.52) |
| *CreditRating* | -0.038<br>(-1.29) | -0.046<br>(-1.56) | -0.039<br>(-1.33) |
| *Collateral* | 0.061 **<br>(2.41) | 0.061 **<br>(2.44) | 0.062 **<br>(2.41) |
| *Spreads* | -0.057 ***<br>(-4.96) | -0.055 ***<br>(-4.80) | -0.055 ***<br>(-4.22) |
| *Covenants* | 0.048 ***<br>(6.56) | 0.049 ***<br>(6.80) | 0.048 ***<br>(6.59) |
| Year | Yes | Yes | Yes |
| Industry | Yes | Yes | Yes |
| Adjueted $R^2$ | 0.309 | 0.314 | 0.310 |
| N | 802 | 802 | 802 |

注：括号内值为 t 值；***、** 和 * 分别代表在 1%、5% 和 10% 的水平上显著。

表 6-4 报告了终极所有权结构、制度环境与债券限制性条款强度的回归结果。由表 6-4 可见，制度环境（*Institutions*）代理变量与债券限制性条款强度的系数至少在 10% 的水平上显著为负，说明良好的制度环境作为债券投资者的外部保护机制时，降低了公司内部人与外部投资者的信息不对称和代理冲突，此

时，投资信心增加的债券投资者会降低对限制性条款使用强度的要求，结果验证了制度环境与债券限制性条款强度间的显著负相关关系。由表6－4第（2）列可见，两权分离度的代理变量与制度环境的交互项（*Separation*×*Institutions*）系数在10%的水平上显著为负，表明良好的制度环境会削弱两权分离度与债券限制性条款强度间的正相关关系，验证了假设H2。这一实证结果说明，良好的制度环境能在一定程度上提高控制股东掠夺行为的代价，约束终极控制股东的掠夺能力，从而降低其掠夺行为发生的可能性，削弱两权分离度与限制性条款之间的正相关关系。然而，终极控制股东的现金流量权（*CFRights*）和国有属性（*State*）与制度环境交互项的系数均不显著，说明良好的制度环境并不会对终极控制股东的现金流量权和国有属性与债券限制性条款强度间的关系产生影响，未验证假设H1和H3。

**表6－4　终极所有权结构、制度环境与债券限制性条款强度的Poisson回归结果**

| 变量 | (1) | (2) | (3) |
|---|---|---|---|
| Intercept | 0.482<br>(0.72) | 0.506<br>(0.77) | 0.685<br>(1.03) |
| *CFRights* | −0.080<br>(−0.78) | | |
| *Separation* | | 0.036<br>(1.36) | |
| *State* | | | −0.137<br>(−1.08) |
| *Institutions* | −0.023**<br>(−1.98) | −0.021*<br>(−1.82) | −0.028*<br>(−1.75) |
| *CFRights*×*Institutions* | 0.045<br>(0.81) | | |
| *Separation*×*Institutions* | | −0.027*<br>(−1.65) | |
| *State*×*Institutions* | | | 0.006<br>(0.30) |
| *Size* | −0.107***<br>(−4.45) | −0.103***<br>(−4.59) | −0.106***<br>(−4.60) |

续表

| 变量 | (1) | (2) | (3) |
|---|---|---|---|
| *LEV* | 0.603 ***<br>(3.69) | 0.613 ***<br>(3.85) | 0.621 ***<br>(3.88) |
| *MTB* | 0.005<br>(0.15) | 0.011<br>(0.38) | −0.002<br>(−0.06) |
| *GRW* | 0.000<br>(0.00) | 0.003<br>(0.06) | −0.003<br>(−0.06) |
| *ROA* | 1.080<br>(1.52) | 0.956<br>(1.37) | 1.030<br>(1.45) |
| *Tangible* | −0.055<br>(−0.45) | −0.082<br>(−0.67) | −0.032<br>(−0.26) |
| *Big4* | −0.014<br>(−0.27) | −0.015<br>(−0.30) | −0.017<br>(−0.34) |
| *Duality* | 0.020<br>(0.46) | 0.019<br>(0.46) | 0.013<br>(0.31) |
| *IndDirectors* | 0.020<br>(0.07) | 0.022<br>(0.08) | 0.048<br>(0.17) |
| *Amount* | 0.029<br>(1.08) | 0.023<br>(0.86) | 0.024<br>(0.87) |
| *CreditRating* | −0.012<br>(−0.25) | −0.015<br>(−0.33) | −0.011<br>(−0.23) |
| *Collateral* | −0.158 ***<br>(−4.08) | −0.155 ***<br>(−3.99) | −0.146 ***<br>(−3.75) |
| *Spreads* | −0.023<br>(−1.15) | −0.029<br>(−1.42) | −0.046 **<br>(−2.08) |
| *Maturity* | 0.450 ***<br>(6.96) | 0.446 ***<br>(6.90) | 0.454 ***<br>(7.06) |
| Year | Yes | Yes | Yes |
| Industry | Yes | Yes | Yes |
| Pseudo $R^2$ | 0.052 | 0.054 | 0.053 |
| N | 802 | 802 | 802 |

注：括号内值为 z 值；***、** 和 * 分别代表在 1%、5% 和 10% 的水平上显著。

#### 6.2.3.2 内生性检验

（1）债券样本的自选择问题。由于发行债券与未发行债券的公司特征可能存在系统性差异，因此我们在研究终极所有权结构、制度环境对债券契约条款的影响时会存在自选择的问题，为解决自选择产生的内生性问题，本章使用 Heckman 两阶段估计模型（Heckman，1979），以控制发行债券与未发行债券样本的公司特征差异对结果产生的影响。具体做法与第 4、5 章一致，在此不再赘述。表 6－5 显示的为终极所有权结构、制度环境对债券契约条款影响的两阶段回归结果。由表 6－5 的 Panel A 可见，在控制了选择性样本偏差产生的影响后，公司终极控制股东现金流量权与制度环境的交互项对债券发行利差仍然呈显著正向影响（coefficient＝0.184；t＝1.74），公司终极控制股东两权分离度与制度环境的交互项对债券发行利差仍然呈显著负向影响（coefficient＝－0.053；t＝－1.96），公司终极控制股东的国有属性与制度环境的交互项对债券发行利差仍然呈显著正向影响（coefficient＝0.089；t＝2.34）。所有结果均与表 6－2 结果一致，说明在控制了样本自选择产生的内生性问题后，良好的制度环境仍然会弱化终极控制股东现金流量权、国有属性与债券发行利差间的负相关关系，且会弱化终极控制股东两权分离度与债券发行利差间的正相关关系。此外，本书还进一步考察了逆米尔斯系数（IMR），发现逆米尔斯系数在统计上均不显著，说明在终极所有权结构与制度环境的交互项对债券发行利差的影响关系中并不存在严重的样本选择偏差问题。由表 6－5 的 Panel B 可见，在控制了选择性样本偏差产生的影响后，公司终极控制股东现金流量权与制度环境的交互项、公司终极控制股东两权分离度与制度环境的交互项以及公司终极控制股东的国有属性与制度环境的交互项均不显著，该结果与表 6－3 结果一致，说明良好的制度环境并不会对终极所有权结构与债券发行期限间的关系产生任何影响。由表 6－5 的 Panel C 可见，在控制了选择样本偏差产生的影响后，公司终极控制股东两权分离度与制度环境的交互项对债券限制性条款强度仍然呈显著负向影响（coefficient＝－0.028；t＝－1.73），说明良好的制度环境会削弱两权分离度与债券限制性条款强度间的正相关关系。同时，公司终极控制股东现金流量权与制度环境的交互项以及公司终极控制股东的国有属性与制度环境的交互项均不显著，说明良好的制度环境并不会对终极控制股东现金流量权和国有属性对债券限制性条款强度间关系产生任何影响。所有结果均与表 6－4 一致。同时，逆米尔斯系数在统计上均不显著，说明在终极所有权结构与制度环境交互项对债券限制性条款强度的关系中并不存在严重的样本选择偏差问题。

表 6－5　Heckman 两阶段终极所有权结构、制度环境对债券契约条款的影响

| Panel A： | (1) | (2) | (3) |
|---|---|---|---|
| 被解释变量 | *Spreads* | | |
| *Intercept* | 14.086***<br>(3.06) | 14.273***<br>(3.16) | 16.539***<br>(3.82) |
| *CFRights* | －0.457**<br>(－2.19) | | |
| *Separation* | | 0.088**<br>(2.09) | |
| *State* | | | －1.523***<br>(－6.13) |
| *Institutions* | －0.086***<br>(－3.81) | －0.086***<br>(－3.92) | －0.136***<br>(－4.02) |
| *CFRights* ×<br>*Institutions* | 0.184*<br>(1.74) | | |
| *Separation* ×<br>*Institutions* | | －0.053*<br>(－1.96) | |
| *State* ×<br>*Institutions* | | | 0.089**<br>(2.34) |
| *Size* | －0.102<br>(－0.76) | －0.108<br>(－0.82) | －0.179<br>(－1.40) |
| *LEV* | 1.050***<br>(2.93) | 1.072***<br>(3.03) | 0.984***<br>(3.14) |
| *MTB* | 0.086*<br>(1.82) | 0.090*<br>(1.96) | 0.070*<br>(1.73) |
| *GRW* | 0.228*<br>(1.84) | 0.235*<br>(1.86) | 0.128<br>(1.17) |

续表

| Panel A： | (1) | (2) | (3) |
|---|---|---|---|
| 被解释变量 | *Spreads* | | |
| *ROA* | -4.165 ***<br>(-3.35) | -4.251 ***<br>(-3.40) | -4.065 ***<br>(-3.70) |
| *Tangible* | -0.696 ***<br>(-2.96) | -0.749 ***<br>(-3.24) | -0.184<br>(-0.86) |
| *Big4* | -0.171<br>(-1.54) | -0.152<br>(-1.38) | -0.144<br>(-1.45) |
| *Duality* | 0.144<br>(1.31) | 0.155<br>(1.45) | 0.058<br>(0.61) |
| *IndDirectors* | -0.825<br>(-1.62) | -0.832<br>(-1.64) | -0.435<br>(-1.01) |
| *Amount* | -0.171 ***<br>(-2.79) | -0.176 ***<br>(-2.86) | -0.192 ***<br>(-3.82) |
| *CreditRating* | -0.766 ***<br>(-8.56) | -0.785 ***<br>(-8.79) | -0.542 ***<br>(-6.39) |
| *Collateral* | -0.070<br>(-0.95) | -0.078<br>(-1.06) | 0.051<br>(0.83) |
| *Maturity* | -0.476 ***<br>(-4.52) | -0.478 ***<br>(-4.49) | -0.358 ***<br>(-3.85) |
| *Covenants* | -0.026<br>(-1.19) | -0.033<br>(-1.48) | -0.040 **<br>(-2.16) |
| IMR | -0.224<br>(-0.48) | -0.244<br>(-0.54) | -0.536<br>(-1.19) |
| Year | Yes | Yes | Yes |
| Industry | Yes | Yes | Yes |
| Adjueted $R^2$ | 0.592 | 0.594 | 0.687 |
| N | 802 | 802 | 802 |
| Panel B： | (1) | (2) | (3) |
| 被解释变量 | *Maturity* | | |
| Intercept | 5.220 ***<br>(3.31) | 4.999 ***<br>(3.18) | 5.028 ***<br>(3.17) |
| *CFRights* | 0.109 *<br>(1.67) | | |

续表

| Panel B： | (1) | (2) | (3) |
|---|---|---|---|
| 被解释变量 | | *Maturity* | |
| *Separation* | | -0.036 **<br>(-2.43) | |
| *State* | | | -0.118<br>(-1.38) |
| *Institutions* | 0.019 **<br>(2.51) | 0.020 **<br>(2.57) | 0.007<br>(0.71) |
| *CFRights* × *Institutions* | 0.029<br>(0.69) | | |
| *Separation* × *Institutions* | | -0.014<br>(-1.36) | |
| *State* × *Institutions* | | | 0.021<br>(1.50) |
| *Size* | -0.038<br>(-0.79) | -0.027<br>(-0.57) | -0.029<br>(-0.60) |
| *LEV* | 0.061<br>(0.49) | 0.050<br>(0.40) | 0.050<br>(0.40) |
| *MTB* | 0.030 *<br>(1.88) | 0.030 *<br>(1.83) | 0.032 **<br>(1.97) |
| *GRW* | 0.003<br>(0.12) | 0.007<br>(0.26) | 0.003<br>(0.12) |
| *ROA* | -1.266 ***<br>(-3.01) | -1.220 ***<br>(-2.89) | -1.209 ***<br>(-2.84) |
| *Tangible* | 0.161 *<br>(1.68) | 0.162 *<br>(1.72) | 0.160<br>(1.64) |
| *Big4* | -0.043<br>(-1.05) | -0.043<br>(-1.05) | -0.047<br>(-1.16) |
| *Duality* | 0.011<br>(0.43) | 0.004<br>(0.17) | 0.010<br>(0.37) |
| *IndDirectors* | 0.048<br>(0.28) | 0.061<br>(0.36) | 0.045<br>(0.26) |

续表

| Panel B: | (1) | (2) | (3) |
|---|---|---|---|
| 被解释变量 | *Maturity* | | |
| *Amount* | 0.026<br>(1.45) | 0.027<br>(1.47) | 0.027<br>(1.48) |
| *CreditRating* | -0.039<br>(-1.30) | -0.045<br>(-1.53) | -0.038<br>(-1.28) |
| *Collateral* | 0.062 **<br>(2.44) | 0.062 **<br>(2.50) | 0.063 **<br>(2.48) |
| *Spreads* | -0.057 ***<br>(-4.96) | -0.057 ***<br>(-4.91) | -0.056 ***<br>(-4.26) |
| *Covenants* | 0.047 ***<br>(6.50) | 0.047 ***<br>(6.48) | 0.047 ***<br>(6.47) |
| IMR | -0.222<br>(-1.38) | -0.204<br>(-1.27) | -0.200<br>(-1.24) |
| Year | Yes | Yes | Yes |
| Industry | Yes | Yes | Yes |
| Adjueted $R^2$ | 0.308 | 0.312 | 0.308 |
| N | 802 | 802 | 802 |
| Panel C: | (1) | (2) | (3) |
| 被解释变量 | *Covenants* | | |
| Intercept | 1.558<br>(0.65) | 1.570<br>(0.67) | 2.296<br>(0.95) |
| *CFRights* | -0.104<br>(-1.03) | | |
| *Separation* | | 0.037<br>(1.38) | |
| *State* | | | -0.131<br>(-1.03) |
| *Institutions* | -0.023 **<br>(-2.04) | -0.022 *<br>(-1.92) | -0.028 *<br>(-1.73) |
| *CFRights* × *Institutions* | -0.005<br>(-0.08) | | |

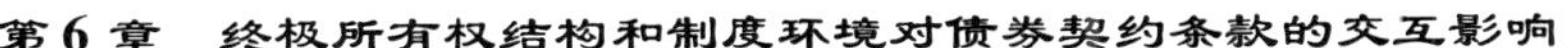

续表

| Panel C: | (1) | (2) | (3) |
|---|---|---|---|
| 被解释变量 | *Covenants* | | |
| *Separation* × *Institutions* | | -0.027 *<br>(-1.65) | |
| *State* × *Institutions* | | | 0.004<br>(0.20) |
| *Size* | -0.135 *<br>(-1.85) | -0.132 *<br>(-1.86) | -0.151 **<br>(-2.09) |
| *LEV* | 0.539 ***<br>(2.80) | 0.574 ***<br>(3.05) | 0.567 ***<br>(3.00) |
| *MTB* | 0.020<br>(0.84) | 0.025<br>(1.05) | 0.021<br>(0.86) |
| *GRW* | 0.002<br>(0.04) | 0.006<br>(0.11) | -0.002<br>(-0.04) |
| *ROA* | 0.621<br>(0.89) | 0.514<br>(0.74) | 0.499<br>(0.71) |
| *Tangible* | -0.028<br>(-0.21) | -0.059<br>(-0.44) | 0.009<br>(0.07) |
| *Big4* | 0.003<br>(0.04) | -0.007<br>(-0.11) | -0.000<br>(-0.01) |
| *Duality* | 0.016<br>(0.38) | 0.021<br>(0.49) | 0.013<br>(0.31) |
| *IndDirectors* | 0.032<br>(0.11) | 0.021<br>(0.08) | 0.045<br>(0.16) |
| *Amount* | 0.027<br>(0.98) | 0.020<br>(0.74) | 0.020<br>(0.71) |
| *CreditRating* | -0.011<br>(-0.22) | -0.009<br>(-0.20) | -0.005<br>(-0.10) |
| *Collateral* | -0.160 ***<br>(-4.16) | -0.158 ***<br>(-4.06) | -0.149 ***<br>(-3.82) |
| *Spreads* | -0.025<br>(-1.22) | -0.030<br>(-1.48) | -0.049 **<br>(-2.19) |

续表

| Panel C： | (1) | (2) | (3) |
|---|---|---|---|
| 被解释变量 | *Covenants* | | |
| *Maturity* | 0.446***<br>(6.89) | 0.437***<br>(6.80) | 0.444***<br>(6.95) |
| IMR | -0.121<br>(-0.50) | -0.109<br>(-0.45) | -0.170<br>(-0.70) |
| Year | Yes | Yes | Yes |
| Industry | Yes | Yes | Yes |
| Pseudo $R^2$ | 0.052 | 0.053 | 0.052 |
| N | 802 | 802 | 802 |

注：括号内值为 t 值和 z 值；***、**、*分别表示在1%、5%、10%的水平上显著。

（2）公司地理位置选择的内生性问题。公司地理位置的选择会与公司质量相关，不同质量的公司在选择公司注册地时会受外部制度环境的影响，进而影响公司的债务融资水平。此时，公司地理位置的选择会与一个对公司债务融资产生影响的遗漏变量相关，进而导致终极所有权结构、制度环境与公司债券发行契约条款间的关系受到样本自选择问题的影响。为解决公司地理位置选择产生的样本自选择问题，本章使用 Heckman 两阶段估计模型（Heckman，1979）对模型（6-1）至模型（6-3）重新进行回归，以控制公司的自选择地理位置对实证结果产生的影响。具体做法与第5章一致，在此不再赘述。表6-6显示的为在控制公司自选择地理位置后终极所有权结构、制度环境对债券契约条款影响的两阶段回归结果。由表6-6的 Panel A 可见，在控制了公司自选择地理位置产生的影响后，公司终极控制股东现金流量权与制度环境的交互项对债券发行利差仍然呈显著正向影响（coefficient = 0.184；t = 1.71），公司终极控制股东两权分离度与制度环境的交互项对债券发行利差仍然呈显著负向影响（coefficient = -0.054；t = -1.98），公司终极控制股东的国有属性与制度环境的交互项对债券发行利差仍然呈显著正向影响（coefficient = 0.087；t = 2.28）。所有结果均与表6-2结果一致，说明在控制了公司自选择地理位置产生的影响后，良好的制度环境仍然会弱化终极控制股东现金流量权、国有属性与债券发行利差间的负相关关系，且会弱化终极控制股东两权分离度与债券发行利差间的正相关关系，此外，本书发现逆米尔斯系数在统计上均不显著，说明在终极所有权结构与制度环境的交互项对债券发行利差的影响关系中并不存在严重的样本选择偏差问题。由表6-6的Panel B可见，在控制了选择性样本偏差产生的影响后，公司终极控制股东现金流量权、两权分离度、国有属性与制度环境的交互项均不显著，该结果与表6-3结果一致，说明良好的制度环境并不会对终极所有权结构与债券发行期限间的关系产生任何影响。由表6-6的Panel C可见，在控制了选择样本偏差产生的影响后，公司终极控制股东两权分离度与制度环境的交互项对债券限制性条款强度仍然呈显著负向影响（coefficient = -0.027；t = -1.66），说明良好的制度环境会削弱两权分离度与债券限制性条款强度间的正相关关系。结果均与表6-4一致。同时，逆米尔斯系数在统计上均不显著，说明在终极控制股东的两权分离度与制度环境交互项对债券限制性条款强度的关系中并不存在严重的样本选择偏差问题。

**表6-6　控制公司选择地理位置后的Heckman两阶段实证结果**

| Panel A: | (1) | (2) | (3) |
|---|---|---|---|
| 被解释变量 | *Spreads* | | |
| Intercept | 10.010***<br>(4.82) | 10.315***<br>(5.03) | 11.694***<br>(5.02) |
| *CFRights* | -0.461**<br>(-2.19) | | |
| *Separation* | | 0.085**<br>(2.00) | |
| *State* | | | -1.511***<br>(-6.05) |
| *Institutions* | -0.084***<br>(-3.70) | -0.083***<br>(-3.80) | -0.134***<br>(-3.93) |
| *CFRights* × *Institutions* | 0.184*<br>(1.71) | | |
| *Separation* × *Institutions* | | -0.054**<br>(-1.98) | |

续表

| Panel A: | (1) | (2) | (3) |
|---|---|---|---|
| 被解释变量 | | *Spreads* | |
| *State* × *Institutions* | | | 0.087**<br>(2.28) |
| *Size* | 0.039<br>(0.48) | 0.027<br>(0.34) | −0.032<br>(−0.43) |
| *LEV* | 0.713<br>(1.47) | 0.818*<br>(1.72) | 1.211***<br>(2.70) |
| *MTB* | 0.189*<br>(1.77) | 0.177*<br>(1.66) | 0.025<br>(0.26) |
| *GRW* | 0.209*<br>(1.65) | 0.219*<br>(1.70) | 0.135<br>(1.23) |
| *ROA* | −5.270***<br>(−3.84) | −5.208***<br>(−3.77) | −3.867***<br>(−3.05) |
| *Tangible* | −0.895***<br>(−3.38) | −0.919***<br>(−3.49) | −0.264<br>(−1.10) |
| *Big4* | −0.054<br>(−0.36) | −0.065<br>(−0.44) | −0.248*<br>(−1.65) |
| *Duality* | 0.132<br>(1.20) | 0.143<br>(1.33) | 0.050<br>(0.53) |
| *IndDirectors* | −0.978*<br>(−1.92) | −0.969*<br>(−1.91) | −0.451<br>(−1.04) |
| *Amount* | −0.166***<br>(−2.79) | −0.172***<br>(−2.86) | −0.190***<br>(−3.81) |
| *CreditRating* | −0.779***<br>(−8.96) | −0.799***<br>(−9.24) | −0.554***<br>(−6.73) |
| *Collateral* | −0.075<br>(−1.02) | −0.083<br>(−1.13) | 0.051<br>(0.82) |
| *Maturity* | −0.472***<br>(−4.57) | −0.477***<br>(−4.57) | −0.361***<br>(−3.90) |
| *Covenants* | −0.025<br>(−1.17) | −0.032<br>(−1.44) | −0.038**<br>(−2.04) |

续表

| Panel A: | (1) | (2) | (3) |
|---|---|---|---|
| 被解释变量 | *Spreads* | | |
| IMR | 0.326<br>(1.01) | 0.268<br>(0.83) | −0.047<br>(−0.15) |
| Year | Yes | Yes | Yes |
| Industry | Yes | Yes | Yes |
| Adjueted $R^2$ | 0.590 | 0.592 | 0.685 |
| N | 802 | 802 | 802 |
| Panel B: | (1) | (2) | (3) |
| 被解释变量 | *Maturity* | | |
| Intercept | 4.429***<br>(6.15) | 4.329***<br>(6.00) | 4.432***<br>(6.06) |
| *CFRights* | 0.093<br>(1.43) | | |
| *Separation* | | −0.034**<br>(−2.36) | |
| *State* | | | −0.122<br>(−1.44) |
| *Institutions* | 0.019**<br>(2.49) | 0.019**<br>(2.52) | 0.006<br>(0.64) |
| *CFRights* ×<br>*Institutions* | 0.026<br>(0.63) | | |
| *Separation* ×<br>*Institutions* | | −0.016<br>(−1.55) | |
| *State* ×<br>*Institutions* | | | 0.022<br>(1.62) |
| *Size* | −0.026<br>(−0.86) | −0.018<br>(−0.59) | −0.022<br>(−0.73) |
| *LEV* | 0.482**<br>(2.51) | 0.455**<br>(2.38) | 0.465**<br>(2.40) |
| *MTB* | −0.043<br>(−1.17) | −0.037<br>(−1.01) | −0.037<br>(−1.00) |

续表

| Panel B: | (1) | (2) | (3) |
|---|---|---|---|
| 被解释变量 | *Maturity* | | |
| *GRW* | 0.020<br>(0.71) | 0.023<br>(0.85) | 0.019<br>(0.69) |
| *ROA* | -0.738<br>(-1.40) | -0.756<br>(-1.44) | -0.713<br>(-1.35) |
| *Tangible* | 0.265 **<br>(2.38) | 0.263 **<br>(2.39) | 0.269 **<br>(2.37) |
| *Big4* | -0.203 ***<br>(-2.94) | -0.197 ***<br>(-2.87) | -0.204 ***<br>(-2.95) |
| *Duality* | 0.008<br>(0.30) | 0.001<br>(0.06) | 0.006<br>(0.25) |
| *IndDirectors* | 0.115<br>(0.66) | 0.120<br>(0.69) | 0.108<br>(0.62) |
| *Amount* | 0.025<br>(1.41) | 0.024<br>(1.36) | 0.025<br>(1.38) |
| *CreditRating* | -0.036<br>(-1.20) | -0.043<br>(-1.45) | -0.036<br>(-1.21) |
| *Collateral* | 0.061 **<br>(2.44) | 0.061 **<br>(2.46) | 0.063 **<br>(2.47) |
| *Spreads* | -0.056 ***<br>(-5.02) | -0.056 ***<br>(-5.00) | -0.056 ***<br>(-4.34) |
| *Covenants* | 0.048 ***<br>(6.65) | 0.048 ***<br>(6.62) | 0.048 ***<br>(6.63) |
| IMR | -0.264 **<br>(-2.22) | -0.254 **<br>(-2.14) | -0.261 **<br>(-2.19) |
| Year | Yes | Yes | Yes |
| Industry | Yes | Yes | Yes |
| Adjueted $R^2$ | 0.314 | 0.319 | 0.315 |
| N | 802 | 802 | 802 |

续表

| Panel C: | (1) | (2) | (3) |
|---|---|---|---|
| 被解释变量 | *Covenants* | | |
| Intercept | -0.440<br>(-0.38) | -0.118<br>(-0.10) | -0.010<br>(-0.01) |
| *CFRights* | -0.081<br>(-0.79) | | |
| *Separation* | | 0.035<br>(1.32) | |
| *State* | | | -0.131<br>(-1.03) |
| *Institutions* | -0.023**<br>(-1.98) | -0.021*<br>(-1.83) | -0.028*<br>(-1.73) |
| *CFRights* × *Institutions* | 0.008<br>(0.14) | | |
| *Separation* × *Institutions* | | -0.027*<br>(-1.66) | |
| *State* × *Institutions* | | | 0.006<br>(0.28) |
| *Size* | -0.070<br>(-1.56) | -0.078*<br>(-1.78) | -0.079*<br>(-1.78) |
| *LEV* | 0.378<br>(1.34) | 0.461*<br>(1.65) | 0.453<br>(1.60) |
| *MTB* | 0.047<br>(0.82) | 0.043<br>(0.76) | 0.034<br>(0.58) |
| *GRW* | -0.008<br>(-0.15) | -0.003<br>(-0.05) | -0.009<br>(-0.18) |
| *ROA* | 0.701<br>(0.84) | 0.675<br>(0.82) | 0.720<br>(0.86) |
| *Tangible* | -0.147<br>(-0.92) | -0.147<br>(-0.92) | -0.105<br>(-0.64) |
| *Big4* | 0.065<br>(0.65) | 0.039<br>(0.39) | 0.042<br>(0.42) |

续表

| Panel C: | (1) | (2) | (3) |
|---|---|---|---|
| 被解释变量 | *Covenants* | | |
| *Duality* | 0.017<br>(0.40) | 0.019<br>(0.46) | 0.013<br>(0.31) |
| *IndDirectors* | -0.017<br>(-0.06) | -0.012<br>(-0.04) | 0.010<br>(0.03) |
| *Amount* | 0.031<br>(1.14) | 0.024<br>(0.90) | 0.025<br>(0.91) |
| *CreditRating* | -0.018<br>(-0.37) | -0.017<br>(-0.36) | -0.013<br>(-0.27) |
| *Collateral* | -0.158***<br>(-4.10) | -0.156***<br>(-4.00) | -0.147***<br>(-3.77) |
| *Spreads* | -0.023<br>(-1.18) | -0.029<br>(-1.43) | -0.046**<br>(-2.05) |
| *Covenants* | 0.457***<br>(7.03) | 0.449***<br>(6.93) | 0.457***<br>(7.11) |
| IMR | 0.160<br>(0.89) | 0.116<br>(0.64) | 0.128<br>(0.71) |
| Year | Yes | Yes | Yes |
| Industry | Yes | Yes | Yes |
| Pseudo $R^2$ | 0.053 | 0.054 | 0.053 |
| N | 802 | 802 | 802 |

注：括号内值为 t 值和 z 值；***、**、*分别表示在1%、5%、10%的水平上显著。

# 6.3 稳健性检验

## 6.3.1 对公司和年度进行双重聚类调整

本章的基本分析使用的普通最小二乘法（OLS）和泊松回归（Poisson）。为

得到更为稳健的结论，我们参考 Petersen（2009）的做法，对所有模型采用公司和年度的双重聚类调整标准误来进行回归，检验结果如表 6－7 所示。由表 6－7 的 Panel A、Panel B 可见，在对样本的公司和年度进行双重聚类调整标准误后，公司终极控制股东现金流量权、两权分离度、国有属性与制度环境的交互项对债券发行利差的影响系数分别在 10% 的水平上显著为正，在 5% 的水平上显著为负，在 10% 的水平上显著为负，公司终极控制股东现金流量权、两权分离度、国有属性与制度环境的交互项对债券发行期限的影响系数均不显著，结果与前文一致，说明采用双重聚类调整标准误后，回归结果仍然支持前文的研究。由表 6－6 的 Panel C 可见，在对样本的公司和年度进行双重聚类调整标准误后，公司终极控制股东两权分离度与制度环境的交互项对债券限制性条款强度的影响系数不显著，该结果与表 6－4 中结果不符合，并未支持前文的研究。

**表 6－7　对公司和年度的双重聚类调整**

| Panel A: | (1) | (2) | (3) |
|---|---|---|---|
| 被解释变量 | *Spreads* | | |
| Intercept | 11.785***<br>(8.83) | 11.773***<br>(9.35) | 11.446***<br>(8.70) |
| *CFRights* | −0.462***<br>(−2.63) | | |
| *Separation* | | 0.087***<br>(2.61) | |
| *State* | | | −1.511***<br>(−3.24) |
| *Institutions* | −0.084***<br>(−3.79) | −0.083***<br>(−3.49) | −0.134***<br>(−3.10) |
| *CFRights* × *Institutions* | 0.186*<br>(1.96) | | |
| *Separation* × *Institutions* | | −0.054**<br>(−1.99) | |
| *State* × *Institutions* | | | 0.087*<br>(1.65) |

续表

| Panel A: | (1) | (2) | (3) |
|---|---|---|---|
| 被解释变量 | *Spreads* | | |
| *Size* | -0. 033<br>( -0. 40) | -0. 032<br>( -0. 39) | -0. 023<br>( -0. 40) |
| *LEV* | 1. 146 ***<br>(2. 91) | 1. 176 ***<br>(3. 14) | 1. 155 ***<br>(4. 20) |
| *MTB* | 0. 097 ***<br>(2. 59) | 0. 101 ***<br>(2. 62) | 0. 037<br>(1. 03) |
| *GRW* | 0. 226<br>(1. 37) | 0. 233<br>(1. 40) | 0. 133<br>(0. 90) |
| *ROA* | -4. 455 ***<br>( -3. 90) | -4. 536 ***<br>( -3. 79) | -3. 967 ***<br>( -2. 64) |
| *Tangible* | -0. 710 ***<br>( -3. 15) | -0. 768 ***<br>( -3. 05) | -0. 290 **<br>( -2. 03) |
| *Big4* | -0. 204<br>( -1. 31) | -0. 188<br>( -1. 29) | -0. 226 *<br>( -1. 81) |
| *Duality* | 0. 134 *<br>(1. 85) | 0. 145 **<br>(2. 01) | 0. 050<br>(1. 38) |
| *IndDirectors* | -0. 864<br>( -1. 23) | -0. 872<br>( -1. 25) | -0. 454<br>( -0. 92) |
| *Amount* | -0. 168 **<br>( -2. 14) | -0. 173 **<br>( -2. 27) | -0. 189 ***<br>( -3. 36) |
| *CreditRating* | -0. 774 ***<br>( -6. 47) | -0. 794 ***<br>( -6. 32) | -0. 553 ***<br>( -8. 18) |
| *Collateral* | -0. 074<br>( -1. 00) | -0. 083<br>( -1. 18) | 0. 050<br>(0. 66) |
| *Maturity* | -0. 477 **<br>( -2. 53) | -0. 479 **<br>( -2. 47) | -0. 355 **<br>( -2. 36) |
| *Covenants* | -0. 025<br>( -0. 81) | -0. 031<br>( -0. 99) | -0. 038 **<br>( -2. 35) |
| Year | Yes | Yes | Yes |
| Industry | Yes | Yes | Yes |
| Adjueted $R^2$ | 0. 592 | 0. 593 | 0. 686 |

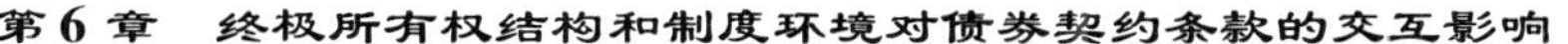

续表

| Panel A： | (1) | (2) | (3) |
|---|---|---|---|
| 被解释变量 | *Spreads* | | |
| N | 802 | 802 | 802 |
| Panel B： | (1) | (2) | (3) |
| 被解释变量 | *Maturity* | | |
| Intercept | 3.033 ***<br>(8.49) | 2.990 ***<br>(8.42) | 3.038 ***<br>(7.38) |
| *CFRights* | 0.092<br>(1.26) | | |
| *Separation* | | -0.036 ***<br>(-5.42) | |
| *State* | | | -0.113<br>(-0.99) |
| *Institutions* | 0.019 ***<br>(4.27) | 0.019 ***<br>(3.99) | 0.007<br>(0.77) |
| *CFRights* × *Institutions* | 0.023<br>(0.51) | | |
| *Separation* × *Institutions* | | -0.015<br>(-1.38) | |
| *State* × *Institutions* | | | 0.022<br>(1.21) |
| *Size* | 0.029 **<br>(2.24) | 0.035 **<br>(2.40) | 0.033 **<br>(2.47) |
| *LEV* | 0.140<br>(0.85) | 0.127<br>(0.78) | 0.126<br>(0.73) |
| *MTB* | 0.029<br>(1.42) | 0.033<br>(1.57) | 0.035<br>(1.59) |
| *GRW* | 0.006<br>(0.25) | 0.010<br>(0.40) | 0.006<br>(0.24) |
| *ROA* | -1.391 ***<br>(-3.59) | -1.381 ***<br>(-3.42) | -1.357 ***<br>(-3.66) |

续表

| Panel B: | (1) | (2) | (3) |
|---|---|---|---|
| 被解释变量 | | *Maturity* | |
| *Tangible* | 0. 116<br>(1. 40) | 0. 121<br>(1. 48) | 0. 120<br>(1. 43) |
| *Big4* | -0. 081 **<br>( -2. 37) | -0. 079 **<br>( -2. 27) | -0. 082 **<br>( -2. 47) |
| *Duality* | 0. 006<br>(0. 31) | -0. 000<br>( -0. 02) | 0. 005<br>(0. 23) |
| *IndDirectors* | 0. 041<br>(0. 10) | 0. 049<br>(0. 11) | 0. 033<br>(0. 08) |
| *Amount* | 0. 027 *<br>(1. 82) | 0. 027 *<br>(1. 87) | 0. 027 *<br>(1. 79) |
| *CreditRating* | -0. 039<br>( -1. 55) | -0. 046 *<br>( -1. 75) | -0. 039<br>( -1. 48) |
| *Collateral* | 0. 061 **<br>(2. 41) | 0. 061 **<br>(2. 58) | 0. 062 **<br>(2. 54) |
| *Spreads* | -0. 057 ***<br>( -4. 18) | -0. 057 ***<br>( -4. 05) | -0. 055 ***<br>( -3. 04) |
| *Covenants* | 0. 048 ***<br>(5. 15) | 0. 048 ***<br>(5. 59) | 0. 048 ***<br>(5. 13) |
| Year | Yes | Yes | Yes |
| Industry | Yes | Yes | Yes |
| Adjueted $R^2$ | 0. 309 | 0. 314 | 0. 310 |
| N | 802 | 802 | 802 |
| Panel C: | (1) | (2) | (3) |
| 被解释变量 | | *Covenants* | |
| Intercept | 0. 424<br>(0. 59) | 0. 506<br>(0. 71) | 0. 685<br>(0. 95) |
| *CFRights* | -0. 082<br>( -0. 74) | | |
| *Separation* | | 0. 036<br>(1. 33) | |

续表

| Panel C: | (1) | (2) | (3) |
|---|---|---|---|
| 被解释变量 | *Covenants* | | |
| *State* | | | -0.137<br>(-1.00) |
| *Institutions* | -0.023 *<br>(-1.80) | -0.021 *<br>(-1.67) | -0.028 *<br>(-1.66) |
| *CFRights* × *Institutions* | 0.010<br>(0.17) | | |
| *Separation* × *Institutions* | | -0.027<br>(-1.62) | |
| *State* × *Institutions* | | | 0.006<br>(0 28) |
| *Size* | -0.104 ***<br>(-3.58) | -0.103 ***<br>(-3.74) | -0.106 ***<br>(-3.73) |
| *LEV* | 0.588 ***<br>(3.31) | 0.613 ***<br>(3.54) | 0.621 ***<br>(3.59) |
| *MTB* | 0.003<br>(0.11) | 0.011<br>(0.37) | -0.002<br>(-0.06) |
| *GRW* | -0.000<br>(-0.00) | 0.003<br>(0.06) | -0.003<br>(-0.06) |
| *ROA* | 1.092<br>(1.51) | 0.956<br>(1.35) | 1.030<br>(1.42) |
| *Tangible* | -0.057<br>(-0.45) | -0.082<br>(-0.64) | -0.032<br>(-0.25) |
| *Big4* | -0.009<br>(-0.16) | -0.015<br>(-0.26) | -0.017<br>(-0.30) |
| *Duality* | 0.017<br>(0.39) | 0.019<br>(0.44) | 0.013<br>(0.30) |
| *IndDirectors* | 0.030<br>(0.10) | 0.022<br>(0.08) | 0 048<br>(0.16) |
| *Amount* | 0.030<br>(1.07) | 0.023<br>(0.84) | 0.024<br>(0.84) |

续表

| Panel C： | (1) | (2) | (3) |
|---|---|---|---|
| 被解释变量 | *Covenants* | | |
| *CreditRating* | -0.016<br>(-0.28) | -0.015<br>(-0.28) | -0.011<br>(-0.20) |
| *Collateral* | -0.158 ***<br>(-3.75) | -0.155 ***<br>(-3.66) | -0.146 ***<br>(-3.46) |
| *Spreads* | -0.023<br>(-0.97) | -0.029<br>(-1.20) | -0.046 *<br>(-1.78) |
| *Maturity* | 0.453 ***<br>(6.46) | 0.446 ***<br>(6.39) | 0.454 ***<br>(6.55) |
| Year | Yes | Yes | Yes |
| Industry | Yes | Yes | Yes |
| N | 802 | 802 | 802 |

注：括号内值为 t 值和 z 值；***、**、* 分别表示在 1%、5%、10% 的水平上显著。

### 6.3.2 针对同一家公司一年内发行多只公司债的处理

由于同一家债券发行公司一年内可能发行多只公司债，为避免重复样本对回归结果产生的影响，本书借鉴 Mansi 等（2011）、Ge 和 Kim（2014）、Gong 等（2018）的研究，以样本当年发行多只公司债券的发行量为权重，计算加权后的债券发行利差、债券发行期限和限制性条款强度再进行回归检验，回归结果见表 6-8。由表 6-8 可见，终极控制股东的现金流量权、国有属性与制度环境的交互项与债券发行利差间呈显著正相关关系，结果与表 6-2 中结果一致。然后，终极控制股东的现金流量权与控制权的分离程度与制度环境的交互项与债券发行利差、债券限制性条款强度间的关系均不显著，结果与表 6-2 中结果不一致。

**表 6-8 针对同一家公司一年内发行多只公司债的处理**

| Panel A： | (1) | (2) | (3) |
|---|---|---|---|
| 被解释变量 | *Spreads* | | |
| *Intercept* | 12.219 ***<br>(11.75) | 12.292 ***<br>(11.87) | 11.161 ***<br>(11.96) |

续表

| Panel A: | (1) | (2) | (3) |
|---|---|---|---|
| 被解释变量 | Spreads | | |
| *CFRights* | −0. 651 ***<br>( −2. 67) | | |
| *Separation* | | 0. 103 *<br>(1. 91) | |
| *State* | | | −1. 449 ***<br>( −5. 21) |
| *Institutions* | −0. 074 ***<br>( −2. 87) | −0. 076 ***<br>( −2. 99) | −0. 120 ***<br>( −3. 11) |
| *CFRights* ×<br>*Institutions* | 0. 203 *<br>(1. 68) | | |
| *Separation* ×<br>*Institutions* | | −0. 036<br>( −1. 02) | |
| *State* ×<br>*Institutions* | | | 0. 076 *<br>(1. 75) |
| *Size* | −0. 274 ***<br>( −7. 11) | −0. 289 ***<br>( −7. 75) | −0. 237 ***<br>( −6. 84) |
| *LEV* | 1. 334 ***<br>(3. 94) | 1. 374 ***<br>(4. 09) | 1. 441 ***<br>(4. 83) |
| *MTB* | 0. 081<br>(1. 40) | 0. 075<br>(1. 32) | 0. 031<br>(0. 63) |
| *GRW* | 0. 307 **<br>(2. 19) | 0. 321 **<br>(2. 26) | 0. 197<br>(1. 60) |
| *ROA* | −5. 037 ***<br>( −3. 83) | −5. 109 ***<br>( −3. 93) | −4. 644 ***<br>( −3. 94) |
| *Tangible* | −0. 504 **<br>( −2. 13) | −0. 571 **<br>( −2. 40) | −0. 121<br>( −0. 57) |
| *Big4* | −0. 254 **<br>( −2. 27) | −0. 231 **<br>( −2. 13) | −0. 293 ***<br>( −3. 05) |
| *Duality* | 0. 103<br>(0. 90) | 0. 128<br>(1. 16) | 0. 044<br>(0. 45) |

续表

| Panel A： | (1) | (2) | (3) |
|---|---|---|---|
| 被解释变量 | | *Spreads* | |
| *IndDirectors* | -0.431<br>(-0.70) | -0.494<br>(-0.80) | -0.187<br>(-0.35) |
| *Maturity* | -0.563***<br>(-3.87) | -0.555***<br>(-3.73) | -0.420***<br>(-3.25) |
| *Covenants* | -0.005<br>(-0.22) | -0.009<br>(-0.36) | -0.025<br>(-1.21) |
| Year | Yes | Yes | Yes |
| Industry | Yes | Yes | Yes |
| Adjueted $R^2$ | 0.528 | 0.525 | 0.633 |
| N | 650 | 650 | 650 |
| Panel B： | (1) | (2) | (3) |
| 被解释变量 | | *Maturity* | |
| Intercept | 3.660***<br>(10.78) | 3.632***<br>(10.75) | 3.677***<br>(10.73) |
| *CFRights* | 0.084<br>(1.28) | | |
| *Separation* | | -0.036**<br>(-2.46) | |
| *State* | | | -0.112<br>(-1.27) |
| *Institutions* | 0.022***<br>(2.72) | 0.022***<br>(2.77) | 0.009<br>(0.89) |
| *CFRights* × *Institutions* | 0.033<br>(0.76) | | |
| *Separation* × *Institutions* | | -0.014<br>(-1.30) | |
| *State* × *Institutions* | | | 0.022<br>(1.56) |
| *Size* | 0.022<br>(1.59) | 0.025*<br>(1.85) | 0.025*<br>(1.79) |
| *LEV* | 0.197*<br>(1.84) | 0.193*<br>(1.80) | 0.188*<br>(1.74) |

续表

| Panel B： | (1) | (2) | (3) |
|---|---|---|---|
| 被解释变量 | | *Maturity* | |
| *MTB* | 0.021<br>(1.29) | 0.023<br>(1.42) | 0.026<br>(1.58) |
| *GRW* | -0.007<br>(-0.26) | -0.004<br>(-0.14) | -0.008<br>(-0.29) |
| *ROA* | -1.083***<br>(-2.73) | -1.049***<br>(-2.64) | -1.032**<br>(-2.58) |
| *Tangible* | 0.119<br>(1.34) | 0.126<br>(1.42) | 0.123<br>(1.35) |
| *Big4* | -0.103***<br>(-2.87) | -0.101***<br>(-2.88) | -0.103***<br>(-2.87) |
| *Duality* | -0.005<br>(-0.18) | -0.009<br>(-0.36) | -0.005<br>(-0.18) |
| *IndDirectors* | 0.175<br>(1.00) | 0.194<br>(1.11) | 0.176<br>(1.00) |
| *Spreads* | -0.048***<br>(-4.12) | -0.047***<br>(-3.98) | -0.046***<br>(-3.40) |
| *Covenants* | 0.042***<br>(5.59) | 0.043***<br>(5.64) | 0.042***<br>(5.59) |
| Year | Yes | Yes | Yes |
| Industry | Yes | Yes | Yes |
| Adjueted $R^2$ | 0.318 | 0.325 | 0.319 |
| N | 650 | 650 | 650 |
| Panel C： | (1) | (2) | (3) |
| 被解释变量 | | *Covenants* | |
| Intercept | -0.553<br>(-0.24) | -0.630<br>(-0.28) | 0.195<br>(0.09) |
| *CFRights* | -0.571<br>(-1.37) | | |
| *Separation* | | 0.188*<br>(1.89) | |

续表

| Panel C: | (1) | (2) | (3) |
|---|---|---|---|
| 被解释变量 | *Covenants* | | |
| *State* | | | -0.464<br>(-0.91) |
| *Institutions* | -0.098**<br>(-2.11) | -0.092**<br>(-2.01) | -0.111*<br>(-1.68) |
| *CFRights* × *Institutions* | 0.078<br>(0.36) | | |
| *Separation* × *Institutions* | | -0.068<br>(-1.14) | |
| *State* × *Institutions* | | | 0.008<br>(0.10) |
| *Size* | -0.206***<br>(-2.61) | -0.217***<br>(-2.88) | -0.225***<br>(-2.96) |
| *LEV* | 1.595***<br>(2.60) | 1.658***<br>(2.79) | 1.771***<br>(2.94) |
| *MTB* | 0.040<br>(0.34) | 0.054<br>(0.47) | 0.015<br>(0.13) |
| *GRW* | -0.021<br>(-0.10) | -0.008<br>(-0.04) | -0.032<br>(-0.16) |
| *ROA* | 4.097<br>(1.50) | 3.710<br>(1.38) | 3.796<br>(1.39) |
| *Tangible* | -0.128<br>(-0.27) | -0.219<br>(-0.46) | -0.031<br>(-0.06) |
| *Big4* | -0.009<br>(-0.04) | -0.012<br>(-0.06) | -0.036<br>(-0.18) |
| *Duality* | 0.084<br>(0.49) | 0.104<br>(0.61) | 0.081<br>(0.47) |
| *IndDirectors* | 0.338<br>(0.28) | 0.222<br>(0.18) | 0.371<br>(0.30) |
| *Spreads* | -0.016<br>(-0.22) | -0.027<br>(-0.36) | -0.099<br>(-1.21) |
| *Maturity* | 1.535***<br>(6.06) | 1.545***<br>(6.16) | 1.527***<br>(6.06) |

续表

| Panel C： | (1) | (2) | (3) |
|---|---|---|---|
| 被解释变量 | *Covenants* | | |
| Year | Yes | Yes | Yes |
| Industry | Yes | Yes | Yes |
| Adjueted $R^2$ | 0. 220 | 0. 229 | 0. 225 |
| N | 650 | 650 | 650 |

注：括号内值为 t 值；*** 、** 、* 分别表示在 1% 、5% 、10% 的水平上显著。

## 6.4　本章小结

终极控制股东与外部投资者之间的代理冲突是我国主要的治理问题之一，而制度环境的改善会对交易成本的降低和市场效率的提升起到显著作用，因此，良好的制度环境可能会抑制终极控制股东与债券投资者之间的代理冲突和信息不对称问题，进而增强债券投资者的投资信心。本章基于委托代理冲突视角和信息不对称视角理论推演了终极所有权结构和制度环境的交互项如何影响债券契约条款的设计和安排。在理论分析的基础上，本章选取了 2008 ~ 2016 年 A 股上市公司在深沪证券交易所公开发行的公司债券作为研究样本，以 OLS 和 Poisson 模型进行实证回归，检验终极所有权结构、制度环境对债券契约条款的影响。结果发现，制度环境的改善能够有效抑制终极控制股东的机会主义行为、降低公司债务的代理成本、缓解信息不对称程度、降低腐败成本，从而降低债券投资者面临的代理风险、信息风险和违约风险。制度环境的发展水平越好，对终极控制股东不端行为的约束和抑制作用越强，公司治理水平越好，这一作用会替代终极控制股东现金流量权和国有属性对债券投资者的保护，降低债券投资者对公司股东持有现金流量权和国有属性的关注度，因此，高质量的制度环境会削弱现金流量权和国有属性对债券契约条款产生的正面影响。此外，良好的制度环境会增加终极控制股东的掠夺成本和掠夺风险，即使终极控制股东的两权分离程度较大，完善的制度也会抑制终极控制股东的掏空动机，进而保证债券发行公司的还款能力，减少债券投资者面临的违约损失，此时，高质量的制度环境会削弱两权分离度对债券契约条款产生的负面影响。

针对内生性问题，本书使用 Heckman 两阶段模型来缓解样本选择偏差问题，在控制了选择样本偏差的内生性问题后，所有结论依旧成立。此外，本书还进行了一系列稳健性检验，在所有稳健性检验中，所有结论均基本成立，说明本书结论是相对稳健的。

# 第7章　结　论

## 7.1　主要研究结论

近年来，随着我国资本市场的快速发展，政府相关部门也在积极发展公司债、企业债等债券融资工具。2003年10月中共十六届三中全会通过的《中共中央关于完善社会主义市场经济体制若干问题的决定》指出，要扩大直接融资，建立多层次资本市场体系，积极拓展债券市场。2008年底国务院办公厅发布了《关于当前金融促进经济发展的若干意见》，提出要加大对金融市场的支持力度，扩大包括企业债、公司债、短期融资券等债券的发行规模。2014年5月国务院办公厅发布的《关于进一步促进资本市场健康发展的若干意见》中为债券市场的规范发展提供若干指导建议。债券市场作为公司直接融资的主要渠道之一，其规模也在迅速扩张。截至2016年底，中国债券存量超过57万亿元，已成为全球第三大债券市场，其中，在沪深交易所发行的公司债已达1708只，发行总额为23001.01亿元。债券市场的蓬勃发展意味着债券契约条款的合理设计日益重要，如何推动公司债市场的健康发展也已成为学术界和实务界亟待解决的问题。终极控制股东控制权与现金流量权的分离使其具有强烈动机采取隧道行为攫取控制权的私有收益，进而损害债券投资者的利益。同时，制度环境的健康发展能够使终极控制股东承担更高的掠夺成本和风险，抑制其掠夺行为。控制股东与外部投资者之间的代理冲突问题以及外部制度优化对其产生的缓解作用一直受到投资者的关注。本书结合我国公司债券市场的现实背景，从终极控制股东和债券投资者之间的代理问题出发，分析了终极所有权结构、制度环境和公司债券契约条款三者之间的关系。具体来说，本书理论推演了终极所有权结构、制度环境以及制度环境和终极所有权结构的交互项对债券契约条款的影响。在理论推演的基础上，采用多元回归、Poisson 模型等多种计量方法对本书提出的研究假设进行实证分析。实证结果指出，终极所有权结构是影响公司债契约条款的重要因素，制度环境的改善会弱化债券契约条款的严格程度，同时制度环境的改善也会削弱终极所有权结构对债券契约条款的影响。具体而言，本书的研究结论总结如下：

第一，采用 2008 ~ 2016 年 A 股上市公司在沪深两市发行的公司债券为研究样本，依次检验终极所有权结构的三个代理变量终极控制股权的现金流量权、两权分离度和终极控制股东类型对公司债券契约条款的影响。实证结果发现：①终极控制股东的现金流量权越高，公司内部人与外部投资者间利益越趋同。同时，提升的现金流量权会激励终极控制股东对公司进行有效管理，提升公司内部治理水平，增强投资者投资信心，进而降低债券投资者对债券风险补偿的要求。即当终极控制股东的现金流量权越高时，债券发行利差越低，债券发行期限越长。②终极控制股东的控制权与现金流量权之间的分离度越大，终极控制股东进行掠夺行为的动机越强烈，代理风险较高。同时，两权分离度可以增加公司内部人的盈余管理动机，进而增强内部人与外部投资者间的信息不对称，增强债券投资者面临投资风险，进而提升债券投资者对契约条款的要求。即当终极控制股东的两权分离度越高时，公司债券的发行利差越高、债券发行期限越短、限制性条款强度越高。③当终极控制股东类型为国有企业时，内部人为追求自由收益而掏空公司的可能性降低。同时，国有产权性质所形成的预算软约束会缓解公司面临的融资压力，降低债券的违约风险，进而增加债券投资者对债券信用质量的信心，降低其对债券风险补偿的要求。即当终极控制股东性质为国有属性时，债券发行利差越低，限制性条款强度越低。

第二，债券契约条款的设计和安排离不开公司所处地区的制度环境。本书以中国 30 个省份 2008 ~ 2016 年发行的公司债为样本，理论推演并实证检验了制度环境（包括法律制度子环境、金融发展子环境、政府质量子环境、社会信任子环境）如何影响债券契约条款的设计和安排。实证结果发现：①良好的法律制度环境可以更好地保护债券投资者，降低债券投资者面临债券违约的可能性，进而降低债券投资者对契约条款的要求，即公司所处地区的法律制度环境越好，公司债券的发行利差越低、债券发行期限越长、限制性条款强度越低。②金融发展水平的提升能够提高公司信息披露水平和外部治理水平，培育更多成熟的机构投资者，抑制公司内部人的掠夺行为，进而降低债券投资者对契约条款的要求，即公司所处地区的金融发展水平越好，公司债券的发行利差越低、债券发行期限越长、限制性条款强度越低。③政府质量的提升可能降低公司面临的政治成本、代理成本和腐败成本，降低债券投资者面临的违约风险，提升投资者的投资信心，降低其对债券契约条款的要求，即公司所在地区的政府质量越高时，公司债券的发行利差越低。④社会信任的提升有助于降低交易成本、提升交易效率，可以提升公司业绩并且抑制公司内部人的自利行为，进而降低投资者的投资风险和对契约条款的要求，即公司所在地区的社会信任程度越高时，公司债券的发行利差越低、发行期限越长。

第三，在分别从终极所有权结构和制度环境研究对债券契约条款影响的基础上，进一步考虑制度环境与终极所有权结构的交互项对债券契约条款的影响。完善的制度作为公司外部治理的有效机制，可以通过提高终极控制股东掠夺行为的成本和风险，抑制终极控制股东的掏空动机和掠夺行为，进而缓解公司内部人与债券投资者之间的代理冲突和信息不对称问题。制度环境的发展水平越高，对终极控制股东因两权分离度提升掠夺动机的约束效应越高，公司的治理水平越好，债券质量越高。与此同时，良好的制度环境与终极控制股东现金流量权和国有产权性质对债券契约的作用一致，均可降低内部人的掏空动机。因此，制度环境的提升在减少债券投资者面临投资损失的同时，也会削弱终极控制股东现金流量权与国有终极控制股东类型对债券契约条款产生的正面影响。具体地讲，本书的实证结果发现：①良好的制度环境与终极控制股东现金流量权对债券投资者起到的保护作用相似，存在替代关系，因此，良好的制度环境能够有效降低现金流量权与债券发行利差间的显著负相关关系；②制度环境的改善会降低终极控制股东进行不端行为的动机和能力，进而削弱终极控制股东两权分离度与债券发行利差以及限制性条款强度间的显著正相关关系；③制度环境的提升以及终极控制股东的国有属性均会降低债券投资者面临的违约风险，提升投资者的投资信心，此时，良好的制度环境会削弱终极控制股东的国有属性与债券发行利差间的显著负相关关系。

## 7.2 政策启示

自1981年恢复国债发行以来，中国债券市场走过了不同寻常的30多年的发展历程。近年来，随着我国资本市场的快速发展，债券市场的重要性也日渐凸显。中共十八届三中全会决议提出，要发展并规范债券市场，提高直接融资比重。“十三五”规划纲要指出，要完善债券发行注册制和债券市场基础设施，加快债券市场互联互通，稳妥推进债券产品创新。然而，虽然债券市场在近些年发展迅速，但与发达国家相比，债券市场仍存在巨大的发展空间。同时，中国债券市场中不完善的制度和较弱的投资者法律保护加剧了上市公司的内部治理问题，提升了公司内外部信息不对称程度，降低了资源配置效率，尤其在2014年3月ST超日的债券违约事件打破债券市场刚性兑付的终结，构成债券投资者的实质损失以来，投资者对公司违约风险更为关注，投资行为更为谨慎。债券市场的蓬勃发展以及公司债券违约事件的频繁发生意味着债券契约条款的合理设计日益重要。本书基于我国特殊的制度背景和公司债券市场的发展现状展开研究，所获得的经验证据有助于缓解债券市场内公司与投资者间的代理冲突和信息不对称问题，优化债券市场的交易环境，对债券监管部门制定后续政策、改善债券投资者投资环境等具有参考价值。结合中国公司债市场当前的发展现状，以及根据本书的研究结论，提出以下几点政策建议：

（1）继续强化限制性条款对债券投资者的保护。限制性条款是债券契约的重要内容，其主要作用是限制经理人员的行为或要求其按照一定原则、目的行事，以此保护债券投资者的合法、正当权益。我国自公司债券成立后，逐步加强了限制性条款对债券投资者的保护。证监会于2007年和2015年针对公司发行公司债颁布的募集说明书披露准则中要求债券发行公司在募集说明书中设置债券回售条款，设立专项偿债账户，以及设计预计或实际发生违约时的补偿措施，限制发行人债务和对外担保规模、对外投资规模，限制向第三方出售或抵押主要资产，追加担保等增信机制，以保障债券投资者的资金安全。2016年中国银行间市场交易商协会针对投资者保护条款做出范例文本，其中分别就“交叉保护条款”、“事先约束条款”和“控制权变更条款”的触发情形、处置程序进行阐述。虽然我国公司债券市场发展迅速，债券监管者对限制性条款的重视程度逐渐增强，但与发达国家的资本市场相比，我国债券市场中限制性条款对投资者保护程度仍相对较低，债券市场中限制性条款的设计存在严重的条款设计单一、条款阐述不清楚等问题。针对这一现状，监管部门应大力倡导公开发行公司债券的公司对限制性条款设计的重视，并继续鼓励和支持限制性条款设计的多元化和规范化发展，加快债券市场的健康发展，保障债券投资者的合法收益，提高债券市场的融资效率。

（2）大力改善我国的制度环境质量，结合地区资源禀赋，制定差异化的区域发展政策。与英美国家相比，中国上市公司的公司治理问题相对尖锐，产生这一现状的主要原因之一是较差的外部制度环境。与西方发达国家相比，中国内地的制度环境总体较差，主要表现为司法系统的独立性较差；与外部投资者权利相关的法律保护程度较弱；政府对企业的干预程度较强，政府办事效率较低；地区政府的腐败程度较高；金融市场的发达程度较低；会计信息操纵问题较严重，信息披露质量相对较差；社会信任程度普遍较低，征信制度仍不完善等。面对这些问题，政府部门应加大改善我国制度环境的力度，坚持“依法治国”，提升中国司法的独立性，削弱地方政府对企业的无效干预。同时，应进一步深化金融体制改革，改善金融市场秩序，完善我国现有的征信制度，大力倡导诚实守信的文明社会。为促进债券市场的健康发展，缓解债券市场中公司与债券投资者间的信息不对称和代理冲突问题，提供一个较为良好的制度环境。此外，我国各地区存在差异性的地区禀赋结构，不同地区的制度环境显著不同。东部地区的各项子环境对债券市场发展的推动作用明显优于中西部地区。东部地区虽然自然资源匮乏，但由于区域优势显著，资本市场的发展速度相对迅速且完善。因此，政府部门应进一步深化东部地区的“简政放权”政策，降低政府对地区经济发展的干预，提升东部地区债券市场的自由化程度，以“优胜劣汰”的自然机制推动债券市场的健康发展。与东部地区相比，中西部地区的债券市场外部环境仍处于相对落后的水平，此时，政府应积极推动中西部地区的地区行政、金融环境等，适度放宽企业的发债限制，提高金融机构对企业的信贷支持，侧重加大中西部地区金融市场的建设。

（3）增强债券投资者对终极控制股东自利行为的敏感度。对于中国上市公司来说，终极控制股东与外部投资者间的代理冲突问题是其主要的内部治理问题之一。拥有绝对控制权的终极控制股东倾向于利用手中的控制权进行资金占用、关联交易等行为谋取私利，损害外部投资者，尤其是债权人的合法权益。此时，在中国的公司治理体系框架内，应当设计代表不同利益主体的股权结构多元化的公司治理制度，设立的股东大会、董事会、监事会、管理层之间应各司其职、有效制衡彼此权力，以遏制公司终极控制股东的掠夺现象。此外，不同于银行等机构投资者，债券投资者在收集债券发行公司信息和对债券公司进行监管时处于劣势。尽管证监会颁布的《公开发行公司债券募集说明书》已在“第六节　发行人基本情况”中要求债券发行公司披露实际控制人的实际情况，并要求披露到最终的国有控股主体或自然人为止。但由于部分债券投资者缺乏金融专业基础，其不能从募集说明书中评估出公司的真实风险信息，此时，监管部门应加强投资者对债券发行公司终极所有权结构的认识，了解终极所有权结构对债券违约风险的影响，从而帮助债券投资者制定准确和有效的投资策略。

## 7.3　研究局限与未来研究展望

（1）2015 年 1 月，证监会推出全新的《公司债券发行与交易管理办法》将债券发行主体从原规定中仅限于深沪证券交易所上市的公司及发行境外上市外资股的境内股份有限公司，扩大至所有公司制法人，随后，截至 2016 年底，非上市公司共发行 784 只一般公司债，发行额度为 11887.23 亿元。由于非上市公司终极所有权结构数据信息较难获得，本书在实证回归中仅选取 2008 ~ 2016 年上市公司在上海、深圳证券交易所发行的公司债券作为研究样本，检验了在 A 股上市的公司终极所有权结构对债券契约条款的影响，而忽略了对非上市公司的检验，导致样本量偏少。在未来的研究中，可通过手工收集的方式获取在沪深交易所发行公司债的非上市公司的终极所有权结构数据，建立全面、完整的终极所有权数据库，有助于进一步完善终极所有权结构与债券契约条款的相关研究。

（2）限制性条款是债券契约的重要内容，其主要作用是限制经理人员的行为或要求其按照一定原则、目的行事，以保护债券投资者的合法、正当权益。先前关于限制性条款的研究主要集中于以西方发达国家的债券市场为样本上。由于我国公司债市场成立时间较短，国内学者针对公司债限制性条款的研究相对较少。因此，到目前为止，对限制性条款的设计和度量，国内学者仍未达成统一。本书基于西方学者的经典研究文献中对债券限制性条款的分类，并结合中国债券契约的特点，将公司债募集说明书中的限制性条款进行定义和分类，因此，本书构建的限制性条款强度可能存在一些局限性。在未来的研究中，通过进一步深入探究限制性条款的内涵，可以尽可能地构建出能反映我国债券契约特征的限制性条款定义和分类。

（3）本书制度环境中各子环境变量的数据来源主要为王小鲁等（2016）编制的《中国分省份市场化指数报告》、王小鲁等（2017）编制的《中国分省企业经营环境指数2017年报告》、中国管理科学研究院编制的《2015中国城市商业信用环境指数蓝皮书》等，而这些文献中均存在部分年份和部分省份数据缺失的问题，如《中国分省份市场化指数2016年报告》仅报告2008~2014年的数据，《2015中国城市商业信用环境指数蓝皮书》仅涵盖了2011~2013年及2015年的商业信用环境指数，对于数据缺失的年份，本书通过一些计量方法进行补充，因此，本书构建的制度环境可能存在一些局限性。在未来的研究中，可以通过手工收集制度环境变量的数据，消除部分年份、部分省份制度环境数据缺失的问题。

# 参考文献

[1] Allen, F., Qian, J., and Qian, M. Law, finance, and economic growth in China [J]. Journal of Financial Economics, 2005, 77 (1): 57-116.

[2] Aman, H., and Nguyen, P. Does good governance matter to debtholders? Evidence from the credit ratings of Japanese firms [J]. Research in International Business and Finance, 2013, 29: 14-34.

[3] Anagnostopoulou, S. C. Accounting quality and loan pricing: The effect of cross-country differences in legal enforcement [J]. The International Journal of Accounting, 2017, 52 (2): 178-200.

[4] Anderson, R. C., Mansi, S. A., and Reeb, D. M. Founding family ownership and the agency cost of debt [J]. Journal of Financial Economics, 2003, 68: 263-285.

[5] Armstrong, C. S., Guay, W. R., and Weber, J. P., The role of information and financial reporting in corporate governance and debt contracting [J]. Journal of Accounting and Economics, 2010, 50 (2-3): 179-234.

[6] Awartani, B., Belkhir, M., Boubaker, S., and Maghyereh, A. Corporate debt maturity in the MENA region: Does institutional quality matter? [J]. International Review of Financial Analysis, 2016, 46: 309-325.

[7] Badoer, D. C., and James, C. M. The determinants of long-term corporate debt issuances [J]. Journal of Finance, 2016, 71 (1): 457-492.

[8] Bao, S. R., and Lewellyn, K. B. Ownership structure and earnings management in emerging markets—An institutionalized agency perspective [J]. International Business Review, 2017, 26 (5): 828-838.

[9] Ben - Nasr, H., Boubaker, S., and Rouatbi, W. Ownership structure, control contestability, and corporate debt maturity [J]. Journal of Corporate Finance, 2015, 35: 265 - 285.

[10] Berger, A. N., and Udell, G. F. Collateral, loan quality and bank risk [J]. Journal of Monetary Economics, 1990, 25 (1): 21 - 42.

[11] Bharath, S. T., Dahiya, S., Saunders, A., and Srinivasan, A. Lending relationships and loan contract terms [J]. The Review of Financial Studies, 2011, 24 (4): 1141 - 1203.

[12] Bharath, S. T., Sunder, J., and Sunder, S. V. Accounting quality and debt contracting [J]. The Accounting Review, 2008, 83 (1): 1 - 28.

[13] Bhojraj, S., and Sengupta, P. Effect of corporate governance on bond ratings and yields: The role of institutional investors and outside directors [J]. 2003, 76 (3): 455 - 475.

[14] Billett, M. T., Jiang, Z., and Lie, E. The effect of change - in - control covenants on takeovers: Evidence from leveraged buyouts [J]. Journal of Corporate Finance, 2010, 16: 1 - 15.

[15] Billett, M. T., King, T. H. D., and Mauer, D. C. Growth opportunities and the choice of leverage, debt maturity, and covenants [J]. Journal of Finance, 2007, 62 (2): 697 - 730.

[16] Borisova, G., Fotak, V., Holland, K., and Megginson, W. L. Government ownership and the cost of debt: Evidence from government investments in publicly traded firms [J]. Journal of Financial Economics, 2015, 118: 168 - 191.

[17] Bottazzi, L., Da Rin, M., and Hellmann, T. The importance of trust for investment: Evidence from venture capital [J]. Review of Financial Studies, 2016, 29 (9): 2283 - 2318.

[18] Boubaker, S., Mansali, H., and Rjiba, H. Large controlling shareholders and stock price synchronicity [J]. Journal of Banking and Finance, 2014, 40: 80 - 96.

[19] Boubakri, N., and Ghouma, H. Control/ownership structure, creditor

rights protection, and the cost of debt financing: International evidence [J]. Journal of Banking and Finance, 2010, 34: 2481 - 2499.

[20] Boubakri, N., Guedhami, O., Mishra, D., and Saffar, W. Political connections and the cost of equity capital [J]. Journal of Corporate Finance, 2012, 18 (3): 541 - 559.

[21] Boyd, B. K. Board control and CEO compensation [J]. Strategic Management Journal, 1994, 15 (5): 335 - 344.

[22] Bradley, M., and Roberts, M. R. The structure and pricing of corporate debt covenants [J]. Quarterly Journal of Finance, 2015, 5 (2): 1 - 37.

[23] Braggion, F. Managers and (secret) social networks: The influence of the freemasonry on firm performance [J]. Journal of the European Economic Association, 2011, 9, 2011, 1053 - 1081.

[24] Brandt, L., and Li, H. Bank discrimination in transition economies: Ideology, information, or incentives? [J]. Journal of Comparative Economics, 2003, 31: 387 - 413.

[25] Cai, J., Cheung, Y., and Goyal, V. K. Bank monitoring and the maturity structure of Japanese corporate debt issues [J]. Pacific - Basin Finance Journal, 1999, 7 (3 - 4): 229 - 250.

[26] Chava, S., and Rober, M. R. How does financing impact investment the role of debt covenants [J]. Journal of Finance, 2008, 63 (5): 2085 - 2121.

[27] Chava, S., Kumar, P., and Warga, A. Managerial agency and bond covenants [J]. The Review of Financial Studies, 2010, 23 (3): 1120 - 1148.

[28] Chen, H., Chen, J. Z., Lobo, G. J., and Wang, Y. Association between borrower and lender state ownership and accounting conservatism [J]. Journal of Accounting Research, 2010, 48 (5): 973 - 1014.

[29] Chen, T., Liao, H., Kuo, H. and Hsieh, Y. Suppliers' and customers' information asymmetry and corporate bond yield spreads [J]. Journal of Banking and Finance, 2013, 37: 3181 - 3191.

[30] Chuluun, T., Prevost, A., and Puthenpurackal, J. Board Ties and the

Cost of Corporate Debt [J]. Financial Management, 2014, 4: 533-568.

[31] Claessens, S., Djankov, S., and Lang, L. H. P. The separation of ownership and control in East Asian corporations [J]. Journal of Financial Economics, 2000, 58: 81-112.

[32] Claessens, S., Djankov, S., Fan, J. P., and Lang, L. H. Disentangling the incentive and entrenchment effects of large shareholdings [J]. The Journal of Finance, 2002, 57 (6): 2741-2771.

[33] Cohen, D., Li, B., Li, N., and Lou, Y. Government customer as Monitor: Evidence from loan covenants [R]. SSRN Working Paper, 2016.

[34] Cook, D. O., Fu, X. D., and Tang, T. The effect of liquidity and solvency risk on the inclusion of bond covenants [J]. Journal of Banking and Finance, 2014, 48: 120-136.

[35] Cremers, K. J. M., Nair, V. B., Wei, C. Governance mechanisms and bond prices [J]. The Review of Financial Studies, 2007, 20 (5): 1359-1388.

[36] Cull, R., and Xu, L. C. Who gets credit? The behavior of bureaucrats and state banks in allocating credit to Chinese state-owned enterprises [J]. Journal of Development Economics, 2003, 71 (2): 533-559.

[37] Demirgüc-Kunt, A., Maksimovic, V. Institutions, financial markets, and firm debt maturity [J]. Journal of Financial Economics, 1999, 54 (3): 295-336.

[38] Demirgüc-Kunt, A., Maksimovic, V. Law, finance, and firm growth [J]. Journal of Finance, 1998, 53 (6): 2107-2137.

[39] Deng, L., Jiang, P., Li, S. and Liao, M. Government intervention and firm investment [J]. Journal of Corporate Finance, 2019, forthcoming.

[40] Dhaliwal, D. S., Khurana, I. K., and Pereira, R. Firm disclosure policy and the choice between private and public debt [J]. Contemporary Accounting Research, 2011, 28 (1): 293-330.

[41] Diamond, D. W. Financial intermediation as delegated monitoring [J]. The Review of Economics Studies, 1984, 51 (3): 393-414.

［42］ Djankov, S., La Porta, R., Lopez - de - Silanes, F., and Shleifer, A. Courts［J］. Quarterly Journal of Economics, 2003, 118 (2): 453 - 517.

［43］ Dudley, E. and Zhang, N. Trust and corporate cash holdings［J］. Journal of Corporate Finance, 2016, 41: 363 - 387.

［44］ Faccio, M. L., and Lang, L. H. P. The ultimate ownership of western European corporations［J］. Journal of Financial Economics, 2002, 65 (3): 365 - 395.

［45］ Fan, J. P. H., Titman, S. and Twite, G. An international comparison of capital structure and debt maturity choices［J］. Journal of Financial and Quantitative Analysis, 2012, 47 (1): 23 - 56.

［46］ Francis, B. B., Hasan, I., John, K. and Waisman, M. The effect of state antitakeover laws on the firm's bondholders［J］. Journal of Financial Economics, 2010, 96 (1): 127 - 154.

［47］ Frye, T., and Shleifer, A. The invisible hand and the grabbing hand［J］. American Economic Review, 1997, 87 (2): 354 - 358.

［48］ Fukuyama, F. Trust［M］. New York: Free Press, 1995.

［49］ Gambetta, D. Can we trust trust? Trust: Making and breaking cooperative relations［M］. Oxford: University of Oxford Press, 2000.

［50］ Gao, K. J., Lin, W. F. Margin trading, short selling, and bond yield spread［J］. China Journal of Accounting Research, 2018, 11: 51 - 70.

［51］ Garay, U., González, M., and Rosso, J. Country and industry effects in corporate bond spreads in emerging markets［J］. Journal of Business Research, forthcoming, 2006.

［52］ Ge, W., Liu, M. Corporate social responsibility and the cost of corporate bonds［J］. Journal of Accounting and Public Policy, 2015, 34: 597 - 624.

［53］ Ge, W. X., Kim, J. B. Real earnings management and the cost of new corporate bonds［J］. Journal of Business Research, 2014, 67: 641 - 647.

［54］ Ghouma, H. How does managerial opportunism affect the cost of debt financing?［J］. Research in International Business and Finance, 2017, 39: 13 - 29.

[55] Giannetti, M. Do better institutions mitigate agency problems evidence from corporate finance choices [J]. Journal of Financial and Quantitative Analysis, 2003, 38 (1): 185 -212.

[56] Gong, G. M., Xu, S., Gong, X. On the value of corporate social responsibility disclosure: An empirical investigation of corporate bond issues in China [J]. Journal of Business Ethics, 2018, 150 (1): 1 -32.

[57] Graham, J. R., Li, S., Qiu, J. Corporate misreporting and bank loan contracting [J]. Journal of Financial Economics, 2008, 89 (1): 44 -461.

[58] Grossman, S. J., and Hart, O., Corporate financial structure and managerial incentives: In the Economics of information and uncertainty [M]. Chicago: University of Chicago Press, 1982.

[59] Gu, X., Kowalewski, O. Creditor rights and the corporate bond market [J]. Journal of International Money and Finance, 2016, 67: 215 -238.

[60] Guiso, L., Sapienza, P., and Zingales, L. Cultural biases in economic exchange? [J]. The Quarterly Journal of Economics, 2009, 124 (3): 1095 -1131.

[61] Guiso, L., Sapienza, P., and Zingales, L. The role of social capital in financial development [J]. American Economic Review, 2004, 94 (3): 526 -556.

[62] Hart, O. Firms, contracts, and financial structure [M]. Boston: Oxford University Press, 1995.

[63] Heckman, J. J. Sample selection bias as a specification error [J]. Econometrica, 1979, 47 (1): 153 -161.

[64] Heinkel, R. A theory of capital structure relevance under imperfect information [J]. Journal of Finance, 1982, 37 (5): 1141 -1150.

[65] Helwege, J., Huang, J., and Wang, Y. Liquidity effects in corporate bond spreads [J]. Journal of Banking and Finance, 2014, 45: 105 -116.

[66] Holmström, B., Tirole, J. Market liquidity and performance monitoring [J]. Journal of Political Economy, 1993, 101 (4): 678 -709.

[67] Huang, K., Petkevich, A. Corporate bond pricing and ownership heterogeneity [J]. Journal of Corporate Finance, 2016, 36: 54 - 74.

[68] Jensen, M. C. Agency costs of free cash flows, corporate finance, and takeovers [J]. American Economics Review, 1986, 76 (2): 323 - 329.

[69] Jensen, M. C. The modern industrial revolution, exit, and the failure of internal control systems [J]. The Journal of Finance, 1993, 48 (3): 831 - 880.

[70] Jensen, M. C., and Meckling, W. H. Theory of the firm: Managerial behavior, agency costs and capital structure [J]. Journal of Financial Economics, 1976, 3 (4): 305 - 360.

[71] Jiang, F., Kim, K. A. Corporate governance in China: A modern perspective [J]. Journal of Corporate Finance, 2015, 32: 190 - 216.

[72] Jiang, G., Lee, C. M. C., Yue, H. Tunneling through intercorporate loans: The China experience [J]. Journal of Financial Economics, 2010, 98: 1 - 20.

[73] Jiang, G., Rao, P., Yue, H. Tunneling through non - operational fund occupancy: An investigation based on officially identified activities [J]. Journal of Corporate Finance, 2015, 32: 295 - 311.

[74] Kim, E. H., McConnell, J. J. Corporate mergers and the co - insurance of corporate debt [J]. Journal of Finance, 1977, 32 (2): 349 - 65.

[75] Klock, M. S., Mansi, S. A., and Maxwel, W. F. Does corporate governance matter to bondholders? [J]. The Journal of Financial and Quantitative Analysis, 2005, 40 (4): 693 - 719.

[76] Knack, S., and Keefer, P. Does social capital have an economic payoff? A cross - country investigation [J]. Quarterly Journal of Economics, 1997, 112 (4): 1251 - 1288.

[77] La Porta, R., Lopez - de - Silanes, F., and Shleifer, A. Corporate ownership around world [J]. Journal of Finance, 1999, 54 (2): 471 - 517.

[78] La Porta, R., Lopez - De - Silanes, F., Shleifer, A., and Vishny, R. W. Legal determinants of external finance [J]. Journal of Finance, 1997, 52 (3): 1131 - 1150.

[79] La Porta, R., Lopez - De - Silanes, F., Shleifer, A., Vishny, R. W. Law and finance [J]. Journal of Political Economy, 1998, 106 (6): 1113 - 1155.

[80] La Porta, R., Lopez - de - Silanes, F., Shleifer, A., and Vishny, R. W. Investor protection and corporate valuation [J]. Journal of Finance, 2002, 57 (3): 1147 - 1170.

[81] Laeven, L., Levine, R. Complex ownership structures and corporate valuation [J]. The Review of Financial Studies, 2008, 21 (2): 579 - 604.

[82] Laeven, L., Levine, R. Bank governance, regulations, and risk taking [J]. Journal of Financial Economics, 2009, 93 (2): 259 - 275.

[83] Lemmon, M. L., and Lins, K. V. Ownership structure, corporate governance, and firm value: Evidence from the East Asian financial crisis [J]. The Journal of Finance, 2003, 58 (4): 1445 - 1468.

[84] Levine, R., Zervos, S. Stock markets, banks, and economic growth [J]. American Economic Review, 1998, 88 (3): 537 - 558.

[85] Lin, C., Ma, Y., Malatesta, P., Xuan, Y. H. Corporate ownership structure and the choice between bank debt and public debt [J]. Journal of Financial Economics, 2013, 109 (2): 517 - 534.

[86] Lin, C., Ma, Y., Malatesta, P., Xuan, Y. H. Ownership structure and the cost of corporate borrowing [J]. Journal of Financial Economics, 2011, 100 (1): 1 - 23.

[87] Liu, Q., Luo, T., Tian, G. G. Family control and corporate cash holdings: Evidence from China [J]. Journal of Corporate Finance, 2015, 31: 220 - 245.

[88] Liu, Y., Jiraporn, P. The effect of CEO power on bond ratings and yields [J]. Journal of Empirical Finance, 2010, 17: 744 - 762.

[89] Livingston, M., Poon, W. P. H., Zhou, L. Are Chinese credit ratings relevant? A study of the Chinese bond market and credit rating industry [J]. Journal of Banking and Finance, 2018, 87: 216 - 232.

[90] Lozano, M. B., Martínez, B., Pindado, J. Corporate governance, ownership and firm value: Drivers of ownership as a good corporate governance mechanism

[J] . International Business Review, 2016, 25 (6): 1333 – 1343.

[91] Malan, I. N. B. , Salamudin, N. , Ahmad, N. Ultimate owner cash flow rights level on value relevance of earnings information of pyramid firms [J] . International Review of Business Research Papers, 2013, 9 (4): 33 – 52.

[92] Malitz, I. On financial contracting: The determinants of bond covenants [J] . Financial Management, 1986, 15 (2): 18 – 25.

[93] Mansi, S. A. , Maxwell, W. F. , Miller, D. P. Analyst forecast characteristics and the cost of debt [J] . Review of Accounting Studies, 2011, 16: 116 – 142.

[94] Meyer, K. E. International business research on transition economies. Oxford handbook of international business [M] . Oxford: Oxford University Press, 2001.

[95] Miller, D. P. , Puthenpurackal, J. J. The costs, wealth effects, and determinants of international capital raising: Evidence from public Yankee bonds [J] . Journal of Financial Intermediation, 2002, 11: 455 – 485.

[96] Nash, C. R. , Netter, J. M. , Poulsen, A. B. Determinants of contractual relations between shareholders and bondholders: Investment opportunities and restrictive covenants [J] . Journal of Corporate Finance, 2003, 9 (2): 201 – 232.

[97] Nikolaev, V. V. Debt covenants and accounting conservatism [J] . Journal of Accounting Research, 2010, 48 (1): 137 – 175.

[98] North, D. C. Institutions, institutional change and economic performance [M] . Cambridge: Cambridge University Press, 1990.

[99] Ortiz – Molina, H. Top management incentives and the pricing of corporate public debt [J] . Journal of Financial and Quantitative Analysis, 2006, 41 (2): 317 – 340.

[100] Paligorova, T. , Xu, Z. Complex ownership and capital structure [J] . Journal of Corporate Finance, 2012, 18 (4): 701 – 16.

[101] Petersen, M. A. Estimating standard errors in finance panel data sets: Comparing approaches [J] . Review of Financial Studies, 2009, 22 (1): 435 – 480.

[102] Qi, Y. X., Wald, J. State laws and debt covenants [J]. The Journal of Law and Economics, 2008, 51 (1): 179-207.

[103] Qi, Y. X., Roth, L., Wald, J. K., How legal environments affect the use of bond covenants [J]. Journal of International Business Studies, 2011, 42 (2): 235-262.

[104] Reisel, N. On the value of restrictive covenants: Empirical investigation of public bond issues [J]. Journal of Corporate Finance, 2014, 27: 251-268.

[105] Shailer, G., Wang, K. Government ownership and the cost of debt for Chinese listed corporations [J]. Emerging Markets Review, 2015, 22: 1-17.

[106] Shleifer, A., Vishny, R. A survey of corporate governance [J]. Journal of Finance, 1997, 52 (2): 737-783.

[107] Shleifer, A., Vishny, R. Larger shareholders and corporate control [J]. Journal of Political Economy, 1986, 94 (3): 461-488.

[108] Smith, C. W., Warner, J. B. On Financial contracting: An analysis of bond covenants [J]. Journal of Financial Economics, 1979, 7 (2): 117-161.

[109] Song, Z., Storesletten, K., Zilibotti, F. Growing like China [J]. The American Economic Review, 2011, 101 (1): 196-233.

[110] Stutz, R. Managerial discretion and optimal financing policies [J]. Journal of Financial Economics, 1990, 26 (1): 3-27.

[111] Tanaka, T. How do managerial incentives affect the maturity structure of corporate public debt? [J]. Pacific-Basin Finance Journal, 2016, 40: 130-146.

[112] Waisman, M. Product market competition and the cost of bank loans: Evidence from state antitakeover laws [J]. Journal of Banking and Finance, 2013, 37 (12): 4721-4737.

[113] Wang, J. Debt covenant design and creditor control rights: Evidence from the tightest covenant [J]. Journal of Corporate Finance, 2017, 44: 331-352.

[114] Warga, A., Welch, I. Bondholder losses in leveraged buyouts [J]. Review of Financial Studies, 1993, 6 (4): 959-82.

[115] Wooldridge, J. Econometric analysis of cross section and panel data

[M]. Cambridge: MIT Press, 2002.

[116] Xu, S., Gong, G. M., Gong, X. Accruals quality, underwriter reputation, and corporate bond underpricing: Evidence from China [J]. China Journal of Accounting Research, 2017, 10 (4): 317-39.

[117] Yoshikawa, T., Zhu, H., Wang, P. National governance system, corporate ownership, and roles of outside directors: A corporate governance bundle perspective [J]. Corporate Governance: An International Review, 2014, 22 (3): 252-265.

[118] Zhu, H., Cai, K. Cultural distance and bond pricing: Evidence in the Yankee and rule 144A bond markets [J]. The Journal of Financial Research, 2014, 37 (3): 357-383.

[119] 敖小波，林晚发，李晓慧. 内部控制质量与债券信用评级 [J]. 审计研究，2017 (2): 57-64.

[120] 曹越，卜超楠，鲁昱. 社会信任与公司避税 [J]. 证券市场导报，2018 (4): 22-34.

[121] 陈超，李镕伊. 审计能否提高公司债券的信用评级 [J]. 审计研究，2013 (3): 59-66.

[122] 陈超，李镕伊. 债券融资成本与债券契约条款设计 [J]. 金融研究，2014 (1): 44-57.

[123] 陈相如，万迪昉，付雷鸣. 我国公司债债券期限的影响因素分析 [J]. 西安交通大学学报（社会科学版），2012 (5): 26-31.

[124] 陈信元，黄俊. 政府干预、多元化经营与公司业绩 [J]. 管理世界，2007 (1): 92-97.

[125] 程仲鸣，夏新平，余明桂. 政府干预、金字塔结构与地方国有上市公司投资 [J]. 管理世界，2008 (9): 37-47.

[126] 戴国强，孙新宝. 我国企业债券信用利差宏观决定因素研究 [J]. 财经研究，2011 (12): 61-71.

[127] 戴亦一，潘越，陈芬. 媒体监督、政府质量与审计师变更 [J]. 会计研究，2013 (10): 89-95.

［128］方红星，张勇，王平．法制环境、供应链集中度与企业会计信息可比性［J］．会计研究，2017（7）：33－40.

［129］付雷鸣，万迪昉，张雅慧．中国上市公司公司债发行公告效应的实证研究［J］．金融研究，2010（3）：130－143.

［130］高强，邹恒甫．企业债与公司债二级市场定价比较研究［J］．金融研究，2015（1）：84－100.

［131］韩鹏飞，胡奕明．政府隐性担保定能降低债券的融资成本吗？——关于国有企业和地方融资平台债券的实证研究［J］．金融研究，2015（3）：116－130.

［132］黄小琳，朱松，陈关亭．债券违约对涉事信用评级机构的影响——基于中国信用债市场违约事件的分析［J］．金融研究，2017（3）：130－144.

［133］金鹏辉．公司债券市场发展与社会融资成本［J］．金融研究，2010（3）：16－123.

［134］寇宗来，盘宇章，刘学悦．中国的信用评级真的影响发债成本吗？［J］．金融研究，2015（10）：81－98.

［135］雷光勇，邱保印，姜彭．社会信任、法律执行与股权制衡效果［J］．证券市场导报，2015（1）：19－31.

［136］林晚发，钟辉勇，李青原．高管任职经历的得与失？——来自债券市场的经验证据［J］．金融研究，2018（6）：171－188.

［137］刘娥平，施燕平．盈余管理、公司债券融资成本与首次信用评级［J］．管理科学，2014（5）：91－103.

［138］刘启亮，罗乐，何威风，陈汉文．产权性质、制度环境与内部控制［J］．会计研究，2012（3）：52－61.

［139］罗煜，何青，薛畅．地区执法水平对中国区域金融发展的影响［J］．经济研究，2016（7）：118－131.

［140］吕朝凤，黄梅波．金融发展能够影响 FDI 的区位选择吗［J］．金融研究，2018（8）：137－154.

［141］吕炜，陈海宇．腐败对企业逃避税行为的影响——来自中国工业企业数据的证据［J］．审计研究，2017（1）：105－112.

［142］聂辉华，张彧，江艇．中国地区腐败对企业全要素生产率的影响［J］．中国软科学，2014（5）：37－48.

［143］欧阳励励，陈辉发，张川．终极控股股东类型、两权分离度与公司债券融资成本［J］．山西财经大学学报，2014（9）：92－103.

［144］潘红波，夏新平，余明桂．政府干预、政治关联与地方国有企业并购［J］．经济研究，2008（4）：41－52.

［145］潘俊，王亮亮，吴宁，王禹．财政透明度与城投债信用评级［J］．会计研究，2016（12）：72－78.

［146］彭叠峰，程晓园．刚性兑付被打破是否影响公司债的发行定价？——基于“11超日债”违约事件的实证研究［J］．管理评论，2018（12）：3－12.

［147］钱雪松，杜立，马文涛．中国货币政策利率传导有效性研究：中介效应和体制内外差异［J］．管理世界，2015（11）：11－28.

［148］施丹，王博森．市场特征下会计信息对债券定价的作用研究［J］．会计研究，2014（4）：19－26.

［149］史永东，田渊博，马雪．契约条款、债务融资与企业成长——基于中国公司债的经验研究［J］．会计研究，2017（9）：41－47.

［150］史永东，田渊博．契约条款影响债券价格吗？——基于中国公司债市场的经验研究［J］．金融研究，2016（8）：143－158.

［151］史永东，王三法，齐燕山．契约条款能够降低债券发行利率吗？——基于中国上市公司债券的实证研究［J］．会计研究，2018（2）：49－58.

［152］王安兴，解文增，余文龙．中国公司债利差的构成及影响因素实证分析［J］．管理科学学报，2012（5）：32－41.

［153］王文甫，明娟，岳超云．企业规模、地方政府干预与产能过剩［J］.管理世界，2014（10）：17－36.

［154］王小鲁，樊纲，马光荣．中国分省企业经营环境指数2017年报告［M］．北京：社会科学文献出版社，2017.

［155］王小鲁，樊纲，余静文等．中国分省份市场化指数报告（2016）［M］．北京：社会科学文献出版社，2016.

［156］王雄元，高开娟．客户集中度与公司债二级市场信用利差［J］．金

融研究，2017a（1）：130－144.

［157］王雄元，高开娟．如虎添翼抑或燕巢危幕：承销商、大客户与公司债发行定价［J］．管理世界，2017b（9）：42－59.

［158］王占浩，郭菊娥，薛勇，刘子晗．“11 超日债”事件对投资者刚性兑付信念的影响——基于事件研究法［J］．证券市场导报，2015（3）：45－52.

［159］肖作平，廖理．终极控制股东、法律环境与融资结构选择［J］．管理科学学报，2012（9）：84－96.

［160］肖作平，张樱．社会资本对银行贷款契约的影响［J］．证券市场导报，2014（12）：32－40.

［161］肖作平，乔晓琴．终极控制股东与会计稳健性关系研究［J］．证券市场导报，2014（9）：17－24.

［162］肖作平，张樱．终极控制股东，社会资本与银行贷款契约——来自中国上市公司的经验证据［J］．证券市场导报，2016（4）：35－47.

［163］肖作平．所有权和控制权的分离度、政府干预与资本结构选择——来自中国上市公司的实证证据［J］．南开管理评论，2010（5）：144－152.

［164］幸丽霞，陈冬，林晚发．企业避税行为与债券信用评级关系研究——基于避税风险观的中介效应视角［J］．中国软科学，2017（12）：169－177.

［165］徐浩，冯涛．制度环境优化有助于推动技术创新吗？——基于中国省级动态空间面板的经验分析［J］．财经研究，2018（4）：47－61.

［166］尹林辉．终极所有权结构、制度环境和权益资本成本［D］．成都：西南交通大学博士论文，2015.

［167］余东华，吕逸楠．政府不当干预与战略性新兴产业产能过剩——以中国光伏产业为例［J］．中国工业经济，2015（10）：53－68.

［168］余明桂，潘红波．政府干预、法治、金融发展与国有企业银行贷款［J］．金融研究，2008（9）：1－22.

［169］张广宝，方红星，施继坤．产权性质、信息质量与公司债定价——来自中国资本市场的经验证据［J］．金融研究，2013（4）：170－182.

［170］张玮倩，方军雄．地区腐败与企业盈余管理方式选择［J］．山西财经大学学报，2017（9）：115－124.

［171］张旭昆，李晓红．我国债券评级市场效率研究——基于国有企业和民营企业发债的比较分析［J］．证券市场导报，2015（3）：53－57.

［172］赵晓琴，万迪昉．上市公司债券票面利差形成影响因素研究［J］．证券市场导报，2011（8）：46－50.

［173］周宏，林晚发，李国平，王海妹．信息不对称与企业债券信用风险估价——基于2008—2011年中国企业债券数据［J］．会计研究，2012（12）：36－42.

［174］周宏，周畅，林晚发，李国平．公司治理与企业债券信用利差——基于中国公司债券2008—2016年的经验证据［J］．会计研究，2018（5）：59－66.

［175］朱松．债券市场参与者关注会计信息质量吗［J］．南开管理评论，2013（3）：16－25.